Wir basteln einen
KLOROLLEN-
ZOO

Bassermann

ISBN: 978-3-8094-4162-5

1. Auflage
© 2020 by Bassermann Verlag, einem Unternehmen der Verlagsgruppe
Random House GmbH, Neumarkter Str. 28, 81673 München

Idee und Gesamtgestaltung: Norbert Pautner, Berlin
Projektleitung: Birte Dittmann
Herstellung: Angelika Tröger

Druck und Bindung: Alföldi, Debrecen
Printed in Hungary

Verlagsgruppe Random House FSC®N001967

INHALTSVERZEICHNIS

EINLEITUNG

MATERIAL

So sollte deine Klorollen-Bastelwerkstatt aussehen:

Natürlich brauchst du jede Menge Klorollen zum Basteln. Für ein paar Tiere benötigst du die langen Papprollen vom Küchenpapier.

Beine, Gesichter, Schwänze usw. bastelst du aus Fotokarton, Tonpapier und Graupappe (z. B. die Rückseite eines Blocks).

Deine Grundausstattung: Scheren, Bleistift, Lineal, Anspitzer und Radiergummi.

Alleskleber, Klebestift und Klebefilm brauchst du, um alles fest zu verbinden.

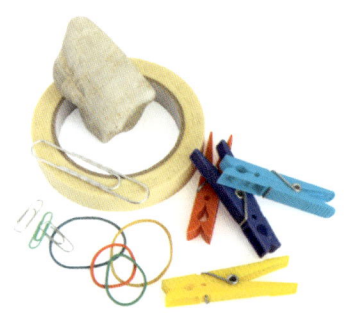

Deine „dritte Hand": Malerkrepp, Gummibänder, Wäsche- und Büroklammern.

Die Klorollen lassen sich am besten mit Schulmalfarben (Deckfarben) bemalen. Und Pinsel brauchst du auch.

Du kannst alle möglichen Stifte verwenden. Ein wasserfester schwarzer Filzstift sollte dabei sein.

Für die Augen eignen sich weiße Klebepunkte – oder Wackelaugen.

TIPPS UND TRICKS

Die Vorlagen im Buch kannst du ganz einfach mit einem Stück Transparentpapier übertragen – oder mit einem Fotokopierer. Du kannst die Vorlagen auch aus dem Internet herunterladen und ausdrucken. Den Link findest du auf Seite 48.

Die Vorlage auf der Rückseite mit einem weichen Bleistift schraffieren. Dann lässt sich die Vorzeichnung gut übertragen.

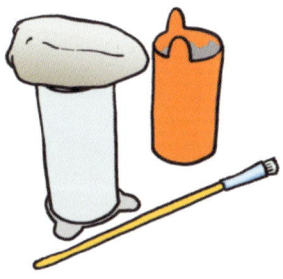

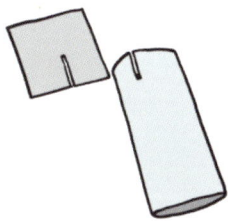

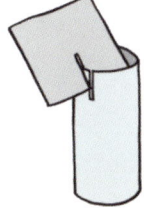

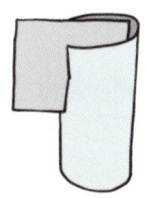

Klebstoff und Deckfarbe immer gut trocknen lassen, bevor du weiterbastelst.

Viele Teile werden im Buch mit Steckschlitzen zusammengefügt: In beide Teile einen Schlitz schneiden. Die Schlitze ineinanderstecken und die Teile zusammenschieben, um sie zu verbinden. Eventuell die Schlitze etwas breiter schneiden, damit es besser passt.

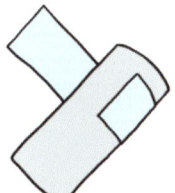

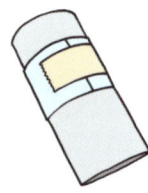

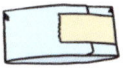

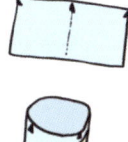

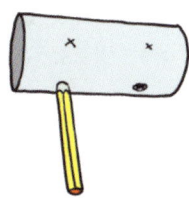

So bastelst du einen Messring: Einen ca. 15 cm langen Streifen Papier nicht zu eng um eine Rolle wickeln und die Enden zusammenkleben.

Auf dem Ring kannst du durch entsprechendes Falten einzeichnen, wie groß die Hälfte oder ein Viertel des Umfangs ist.

Löcher machst du ganz einfach mit einem spitzen (harten) Bleistift.

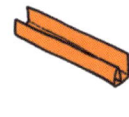

So bastelst du ein Bein: Einen 3,5 cm breiten Streifen Fotokarton ausschneiden und mit einer Stricknadel vier Falzrillen in Längsrichtung ziehen.

Die Innenseite des Beins mit Klebstoff einstreichen und das Bein ganz fest aufrollen. Anschließend noch kräftig zusammendrücken.

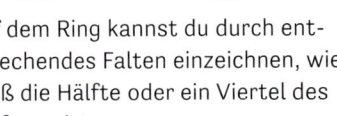

FENNEK

1.

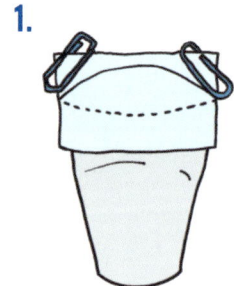

Die Rolle an der Ober-
seite platt drücken und
die Rundung nach der
Vorlage anzeichnen.

2.

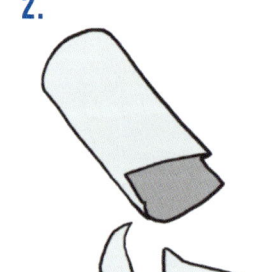

Seitlich entlang der
Knicke einschneiden
und auf einer Seite die
Rundung ausschneiden.

3.

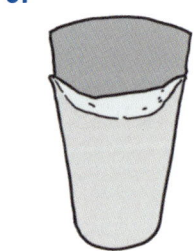

Die kurze Lasche (mit
der Rundung) in die
Rolle hineindrücken.

4.

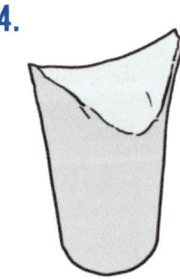

Die lange (gerade) Seite
von der anderen Seite
her darüberdrücken.

5.

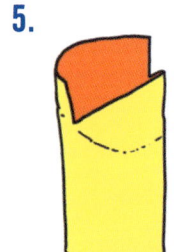

Die Rolle außen
gelb und innen
orange anmalen.

6.

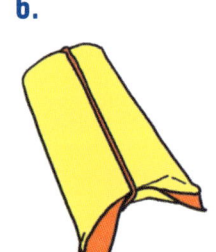

Wie in Schritt 3
und 4 falzen; die
Laschen aufeinan-
derkleben.

7.

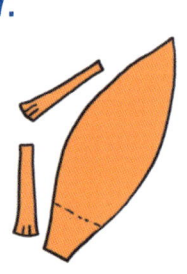

Beine und Schwanz
nach der Vorlage
aus Fotokarton
ausschneiden.

8.

Beine und Augen
aufkleben und das
Gesicht aufmalen.

9.

Den Schwanz un-
ten an der Rück-
seite ankleben.

DROMEDAR

DAS BRAUCHST DU:

Klorolle

Fotokarton
(orange)

Vorlage S. 48

1.

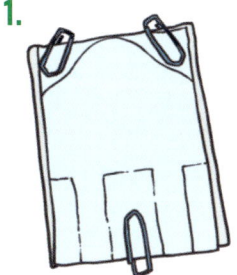

Die Rolle platt drücken
und die Vorlage über-
tragen.

2.

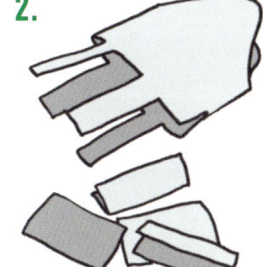

Entsprechend der Vor-
zeichnung ausschnei-
den. Den Schlitz im
Knick nicht vergessen.

3.

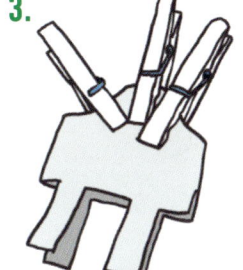

Die beiden Teile des
„Höckers" zusammen-
kleben.

4.

Den Kopf auf ein Stück
Fotokarton übertragen.

5.

Den Kopf ausschneiden
(den Schlitz nicht vergessen) und auf beiden Seiten
ein Gesicht aufmalen.

6.

Den Körper (die Rolle)
orange anmalen. Die
Innenseiten der Beine
nicht vergessen.

7.

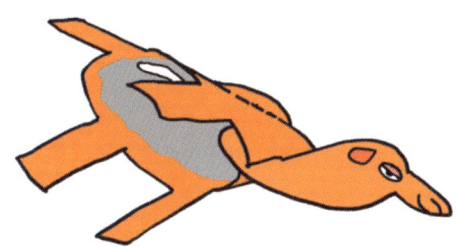

Die beiden Schlitze von Körper und
Kopf ineinanderstecken.

LÖWE

DAS BRAUCHST DU:

Klorolle

Fotokarton
(rot, gelb)

Vorlage S. 50

1.

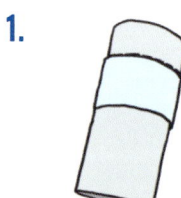

Mit dem Messring eine umlaufende Linie 2 cm vom Rand anzeichnen.

2.

Nach der Vorlage die Löcher für die Beine anzeichnen.

3.

Die Löcher einstechen. Vom Rand bis zur Linie Fransen einschneiden.

4.

Die Rolle gelb und die Fransen innen und außen orange anmalen.

5.

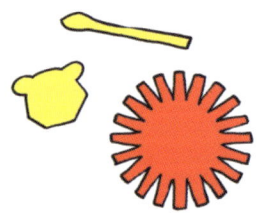

Kopf, Schwanz und Mähne nach der Vorlage ausschneiden.

6.

Die Fransen auf die Mähne aufkleben.

7.

Vier Beine 7,5 cm lang ausschneiden, falzen und kleben.

8.

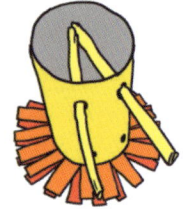

Die Beinde durch die Löcher hindurchstecken.

9.

Kopf und Schwanz bemalen.

10.

Den Kopf auf die Mähne kleben, den Schwanz ankleben.

ELEFANT

DAS BRAUCHST DU:

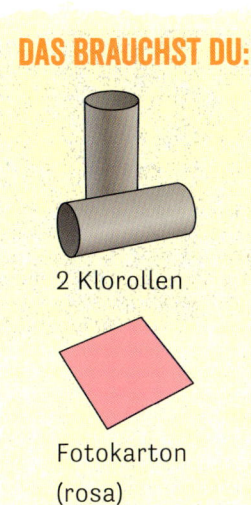

2 Klorollen

Fotokarton
(rosa)

Vorlage S. 49

1.

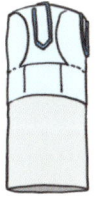

Ohren und zwei Steck-
schlitze nach der Vor-
lage einzeichnen.

2.

Die Linie zwischen den
Ohren verbinden.

3.

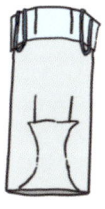

Die gegenüberliegen-
den Steckschlitze an-
zeichnen.

4.

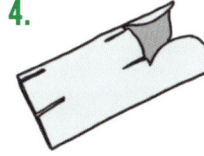

Die Lücken zwischen
den Ohren ausschnei-
den, die Schlitze ein-
schneiden.

5.

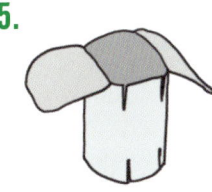

Die Ohren nach außen
knicken.

6.

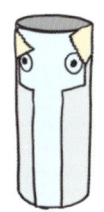

Zweite Rolle: Den Rüs-
sel nach der Vorlage
anzeichnen.

7.

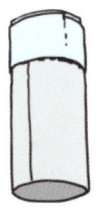

Am Rüsselende eine
umlaufende Linie mit
dem Messring zeichnen.

8.

Rüssel und Kopf aus-
schneiden.

9.

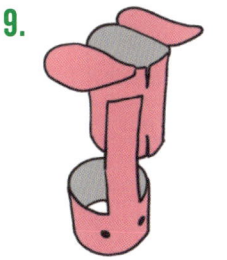

Alle Teile rosa anmalen.

10.

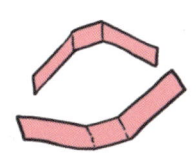

Beine nach der Vorlage
ausschneiden und falzen.

11.

Die Beine in die Schlitze
stecken.

12.

Den Kopf in den Körper
stecken.

ZEBRA

1.

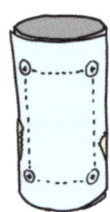

Die Löcher für die Beine und die Steckschlitze nach der Vorlage anzeichnen.

2.

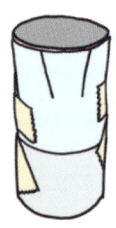

Löcher einstechen und Schlitze einschneiden.

3.

Die Rolle weiß anmalen.

4.

Fotokarton falzen und den Kopf nach der Vorlage anzeichnen.

5.

Den Kopf ausschneiden. Schlitze und Einschnitte nicht vergessen

6.

Den Kopf vorne an der „Schnauze" zusammenkleben.

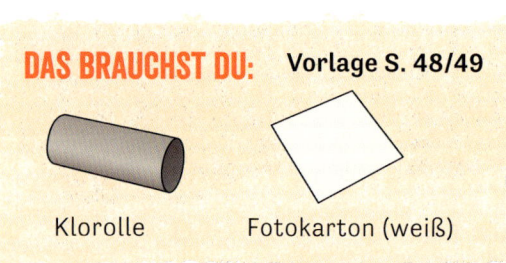

DAS BRAUCHST DU: **Vorlage S. 48/49**

Klorolle   Fotokarton (weiß)

7.

Vier je 9 cm lange Beine basteln.

8.

Kopf, Beine und Körper mit Streifen bemalen.

9.

Kopf und Körper an den Schlitzen zusammenstecken.

10.

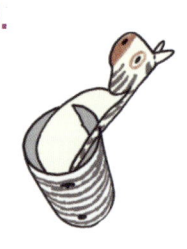
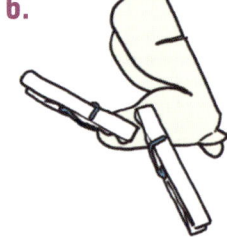

Die Beine durch die Löcher hindurchstecken.

GIRAFFE

1.

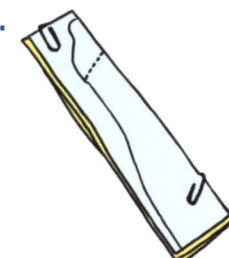

Tonkarton falzen und den Hals nach der Vorlage anzeichnen.

2.

Hals ausschneiden und Flecken aufmalen.

3.

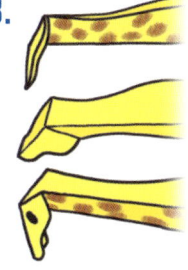

Schräge für den Kopf vorknicken und so falzen, dass das Innere außen liegt.

4.

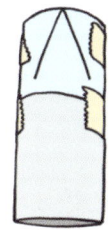

Die Steckschlitze nach der Vorlage anzeichnen.

5.

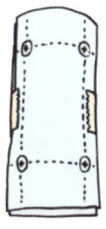

Auf der anderen Seite die Löcher für die Beine anzeichenen.

6.

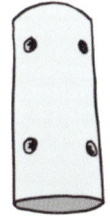

Die Löcher für die Beine in die Rolle stechen.

DAS BRAUCHST DU: Vorlage S. 51

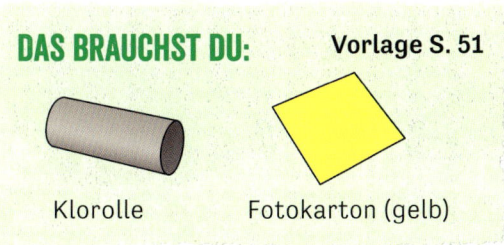

Klorolle   Fotokarton (gelb)

7.

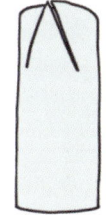

Die Steckschlitze einschneiden.

8.

Die Rolle bemalen.

9.

Vier je 10 cm lange Beine basteln.

10.

Die Beine durch die Löcher stecken.

11.

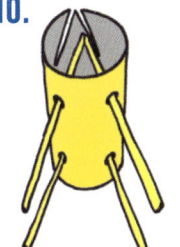

Den Hals in die Schlitze schieben.

NASHORN

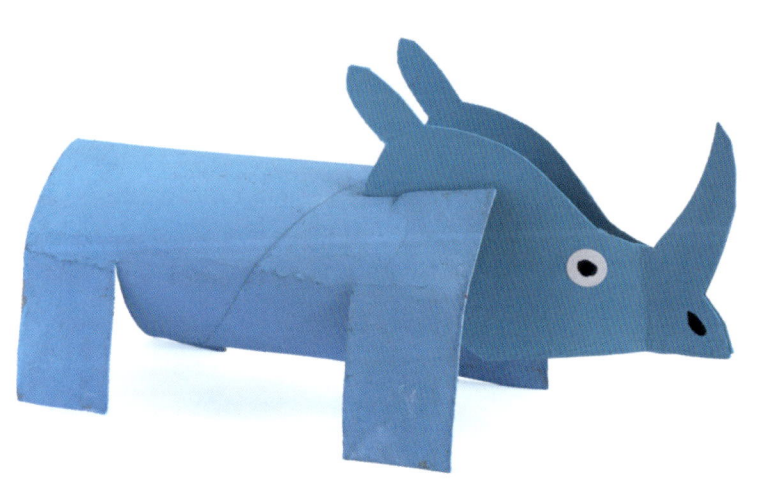

DAS BRAUCHST DU:

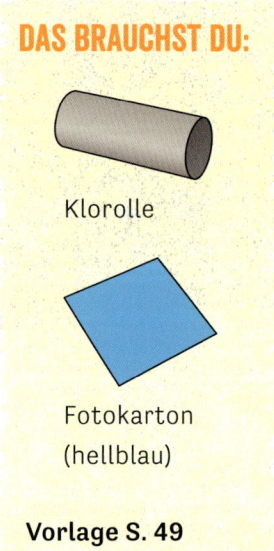

Klorolle

Fotokarton
(hellblau)

Vorlage S. 49

1.

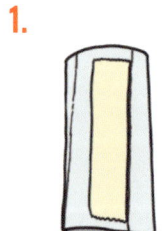

Die Rolle an einer Seite platt drücken und die Mitte markieren. Linien längs zur Rolle zeichnen.

2.

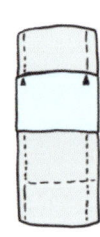

Zwischen den Linien mit dem Messring je einen 2 cm breiten Streifen zum Rand markieren.

3.

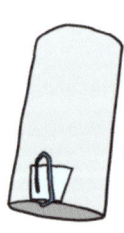

Auf der gegenüberliegenden Seite die Steckschlitze entsprechend der Vorlage anzeichnen.

4.

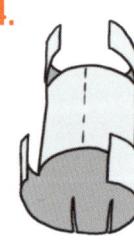

Die Beine ausschneiden und auseinanderknicken. Die Steckschlitze einschneiden.

5.

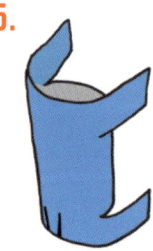

Die Rolle hellblau anmalen. Die Innenseiten der Beine nicht vergessen.

6.

Den Fotokarton falzen und den Kopf nach der Vorlage aufzeichnen.

7.

Die Teile des Kopfes ausschneiden und bemalen oder bekleben.

8.

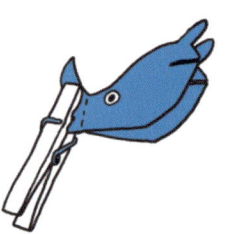

Die beiden Kopfteile an der Schnauze zusammenkleben.

9.

Kopf und Körper an den Schlitzen zusammenstecken.

FLUSSPFERD

DAS BRAUCHST DU:

2 Klorollen

Fotokarton
(rosa)

Vorlage S. 52

1.

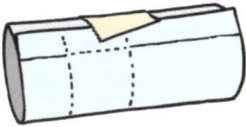

Die Steckschlitze für die Beine
nach der Vorlage anzeichnen.

2.

| 2 | 3 | | 2 |

Auf der gegenüberliegenden
Seite 2 cm abmessen und eine
Schräge anzeichnen.

3.

Die vier Steckschlitze einschneiden. Ein Dreieck entlang der
Schräge abschneiden.

4.

Auf der anderen Rolle
den Kopf gemäß der
Vorlage anzeichnen.

5.

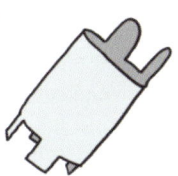

Den Kopf ausschneiden:
vier Zähne und zwei Oh-
ren bleiben stehen.

6.

Kopf und Körper rosa
anmalen. Ohren auch
von hinten bemalen.

7.

Gesicht auf den Kopf
aufmalen. Die Zähne
weiß anmalen.

8.

Die Beine nach der Vorlage ausschneiden und falzen.

9.

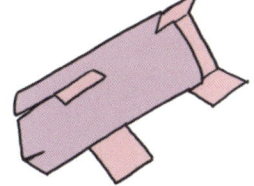

Die Beine in den Körper stecken.
Einen kurzen Schlitz am „Hals"
einschneiden.

10.

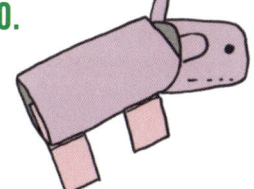

Den Kopf auf den Körper stecken. Mit Klebstoff fixieren.

GORILLA

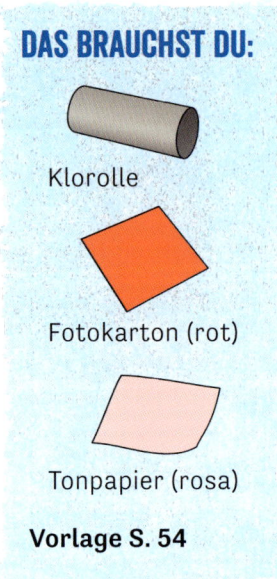
1.

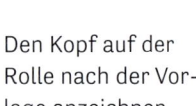

Den Kopf auf der Rolle nach der Vorlage anzeichnen.

2.

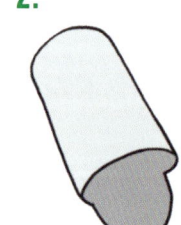

Den Kopf ausschneiden, den Rest ringsum abschneiden.

3.

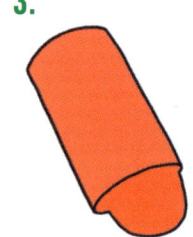

Die Rolle rot anmalen, die Rückseite des Kopfes nicht vergessen.

4.

Das Gesicht nach der Vorlage aus Tonpapier ausschneiden und bemalen.

5.

Das Gesicht in den Kopf auf der Rolle kleben.

6.

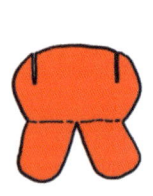

Die Beine nach der Vorlage aus Fotokarton aus- und zwei Steckschlitze einschneiden.

7.

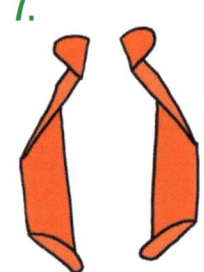

Die Arme nach der Vorlage aus Fotokarton ausschneiden und vorfalzen.

8.

Die Beine unten an den Körper stecken. Füße abknicken.

9.

Die Arme seitlich an den Körper kleben.

10.

Die Arme an den Klebestellen abknicken und falzen.

ERDMÄNNCHEN

DAS BRAUCHST DU:

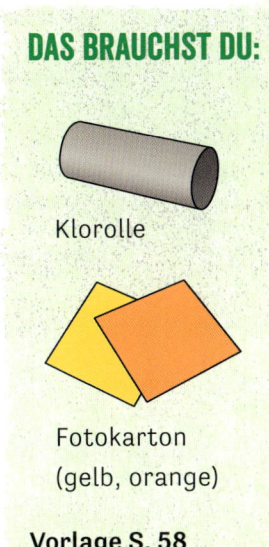

Klorolle

Fotokarton
(gelb, orange)

Vorlage S. 58

1.

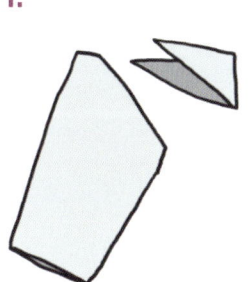

Eine Ecke von der Rolle
abschneiden.

2.

Die Rolle gelb anmalen.

3.

Füße (mit Schwanz), Arme und Kopf nach der
Vorlage auf orangen und gelben Fotokarton
übertragen und ausschneiden.

4.

Den Kopf bunt bemalen.

5.

Den Kopf von innen in die Rolle
kleben. Die Schräge sollte unter
dem Kopf liegen.

6.

Füße unter den Rand der Rolle
kleben. Arme seitlich ankleben.

KOBOLDMAKI

DAS BRAUCHST DU:

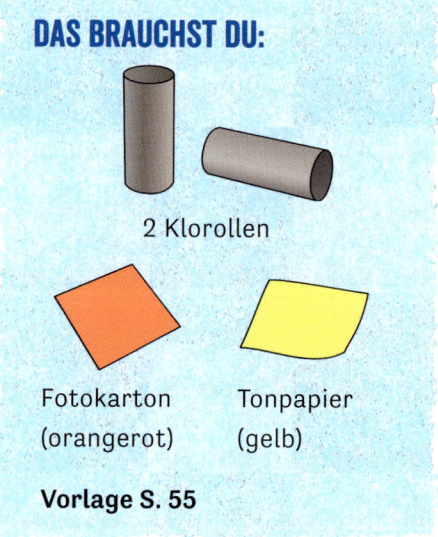

2 Klorollen

Fotokarton
(orangerot)

Tonpapier
(gelb)

Vorlage S. 55

1.

Die Rolle platt drücken und die Mitten markieren. Zweimal den Bogen für den Kopf nach der Vorlage anzeichnen.

2.

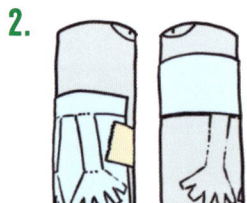

Auf eine Seite zwischen die Bögen die Füße und eine umlaufende Linie zeichnen.

3.

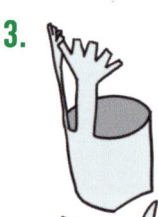

Die Füße und die Bögen für den Kopf ausschneiden.

4.

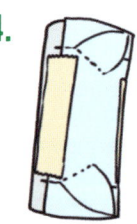

Zweite Rolle: Die Ohren nach der Vorlage anzeichen.

5.

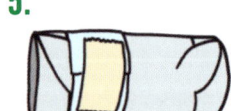

Die Seiten des Kopfes mit dem Messring anzeichnen.

6.

Die Ohren ein- und die Seiten abschneiden.

7.

Die Rollen anmalen.

8.

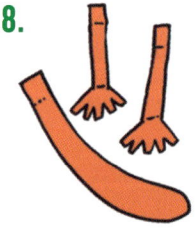

Schwanz und Arme nach Vorlage ausschneiden.

9.

Den Schwanz und die Arme ankleben.

10.

Den Kopf in die Bögen am Körper kleben.

11.

Die Augen mit einer 10-Cent-Münze vorzeichnen und ausschneiden.

12.

Die Augen aufkleben und das Gesicht aufmalen.

KATTA

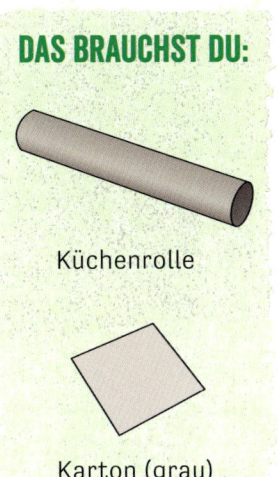

1.

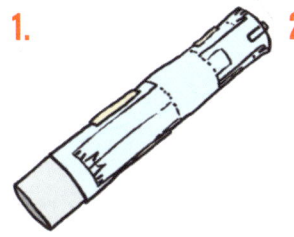

Arme, Beine und Hals nach der Vorlage auf die Rolle übertragen.

2.

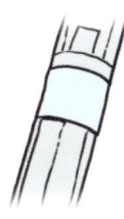

Mit dem Messring „Schulter" und „Hintern" anzeichnen.

3.

Den Schwanz auf die Rückseite nach der Vorlage anzeichnen.

4.

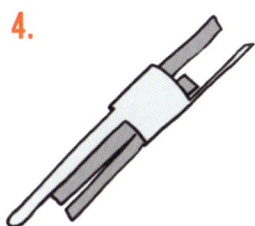

Arme, Beine Hals und Schwanz ausschneiden.

5.

Arme, Beine und Schwanz abknicken. Die Pfoten abknicken.

6.

Die Pfoten einschneiden, sodass Zehen entstehen.

7.

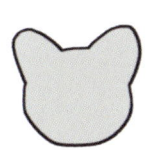

Den Kopf nach der Vorlage ausschneiden.

8.

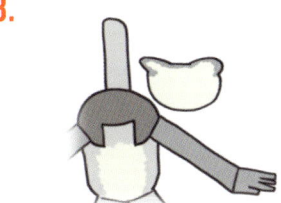

Das weiße „Fell" aufmalen.

9.

Schwanz und Gesicht bemalen.

10.

Den Kopf an den Hals kleben.

STEINBOCK

DAS BRAUCHST DU:

Klorolle

Fotokarton
(beige)

Vorlage S. 57

1.

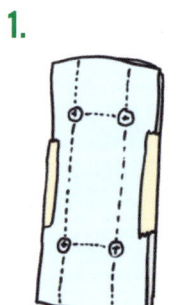
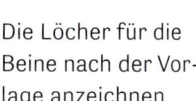

Die Löcher für die
Beine nach der Vor-
lage anzeichnen.

2.

Die Löcher einste-
chen.

3.

Den Körper beige
anmalen.

4.

Den Kopf mit Hör-
nern auf Fotokar-
ton übertragen.

5.

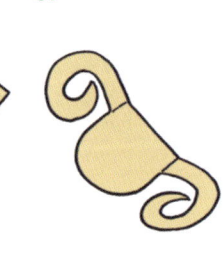

Den Kopf aus-
schneiden und die
Hörner abknicken.

6.

Ein Gesicht aufmalen
und die Hörner gelb an-
malen.

7.

Die Rolle mit dem Rand
auf die Rückseite des
Kopfes kleben.

8.

Vier 7 cm lange Beine
aus Fotokarton basteln.

9.

Die Beine durch die Lö-
cher hindurchstecken.

DAS BRAUCHST DU:

2 Klorollen

Fotokarton
(beige, orange)

Vorlage S. 62

1.

Die Löcher für die
Beine nach der Vor-
lage anzeichnen.

2.

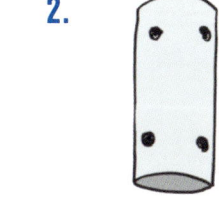

Die Löcher einstechen.

3.

Die zweite Rolle in der
Mitte durchschneiden.

4.

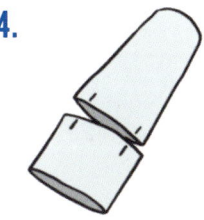

Auf beiden Rollen Stel-
len für die Steck-
schlitze markieren.

5.

Die Steckschlitze ein-
schneiden

6.

Die Rollen orange be-
malen.

7.

Vier 9 cm lange Beine
aus Fotokarton basteln.

8.

Die Beine durch die Lö-
cher hindurchstecken.

9.

Die Rollen an den
Schlitzen zusammen-
stecken.

10.

Kopf und Geweih nach
der Vorlage ausschnei-
den und bemalen.

11.

Den Kopf am „Hals"
aufkleben.

12.

Das Geweih auf den
Kopf kleben.

GÜRTELTIER

DAS BRAUCHST DU:

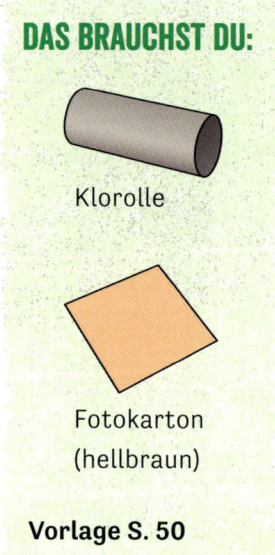

Klorolle

Fotokarton
(hellbraun)

Vorlage S. 50

1.

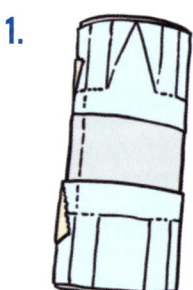

Beine und Schwanz
nach der Vorlage pas-
send anzeichnen.

2.

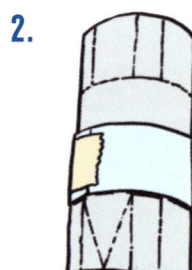

Mit dem Messring zwei
umlaufende Linien
zeichnen (der „Bauch").

3.

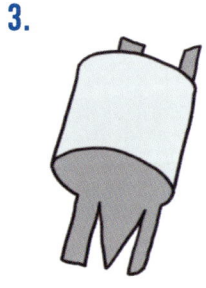

Beine, Schwanz und
„Bauch" ausschneiden.

4.

Die Beine nach außen
abknicken.

5.

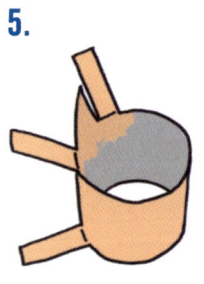

Die Rolle hellbraun
anmalen.

6.

Das Gürtelmuster
aufmalen.

7.

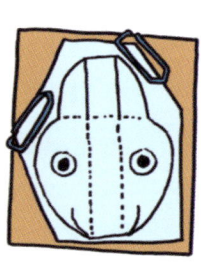

Den Kopf nach der
Vorlage auf Foto-
karton übertragen.

8.

Den Kopf aus-
schneiden, falzen
und bemalen.

9.

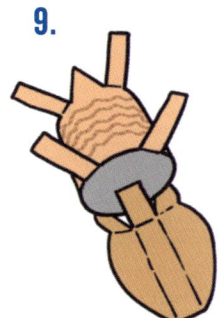

Den Kopf innen am
„Bauch" ankleben.

WASCHBÄR

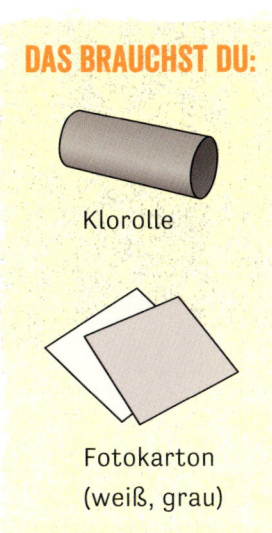

1.

Die Ohren nach der
Vorlage anzeichnen.

2.

Die Ohren und einen
Rand unterhalb der
Ohren ausschneiden.

3.

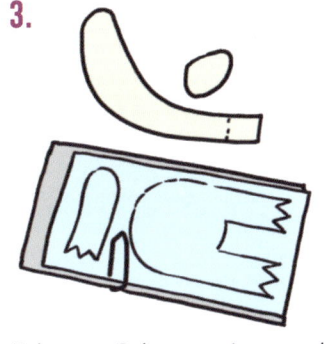

Schwanz, Schnauze, Arme und
Beine nach der Vorlage aus
Fotokarton ausschneiden.

4.

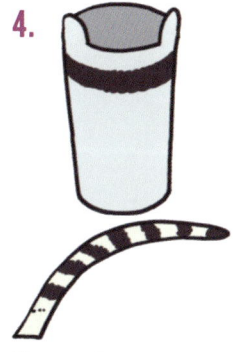

Einen schwarzen
Streifen um den Kopf
malen. Den Schwanz
mit Streifen bemalen.

5.

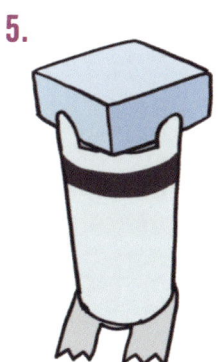

Den Körper auf die
Beine aufkleben.

6.

Klebeaugen und die
Schnauze bemalen.

7.

Augen und Schnauze
aufkleben.

8.

Den Schwanz und die Arme
ankleben.

FAULTIER

DAS BRAUCHST DU:

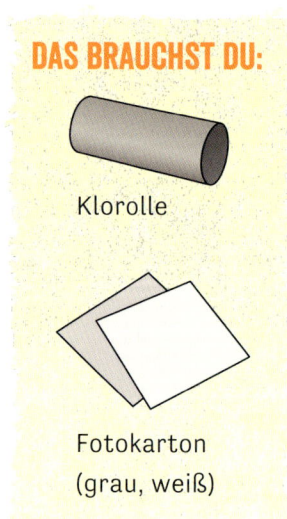

Klorolle

Fotokarton
(grau, weiß)

Vorlage S. 52

1.

Die Rolle an einer Seite
scharf knicken. Die Beine
nach der Vorlage anzeichnen.

2.

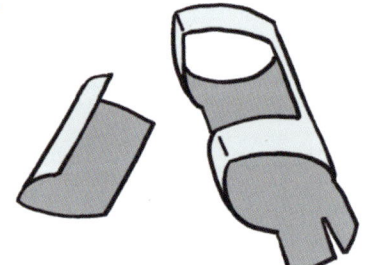

Das Stück zwischen den Beinen und die
beiden Laschen für den Kopf ausschneiden.

3.

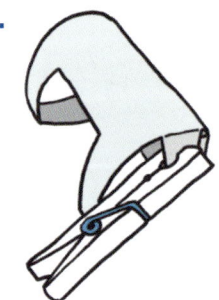

Die beiden Laschen über-
einanderkleben.

4.

Einen grauen und einen weißen
Kreis nach der Vorlage ausschneiden.

5.

Den weißen auf den
(größeren) grauen
Kreis kleben.

6.

Das Faultiergesicht
aufmalen.

7.

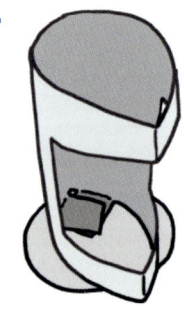

Die Laschen auf die
Rückseite des Kopfes
kleben.

MEERSCHWEINCHEN

DAS BRAUCHST DU:

Klorolle

Fotokarton
(rosa, weiß)

Vorlage S. 56

1.

Den Umfang der Rolle auf den weißen Karton übertragen.

2.

Um den Kreis herum einen etwas größeren Kreis ausschneiden.

3.

Zwei rosa Ohren ausschneiden. Ohren und Gesicht bemalen.

4.

Die Beine nach der Vorlage auf der Rolle anzeichnen.

5.

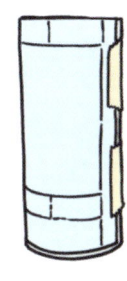

Die Linien für die Beine einschneiden und die Beine nach außen knicken.

6.

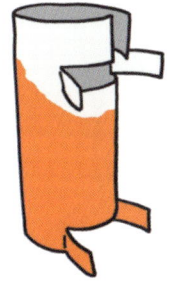

Den Körper orange und weiß anmalen.

7.

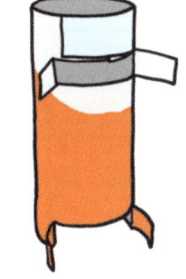

Den Schlitz am „Hals" gut zusammenkleben.

8.

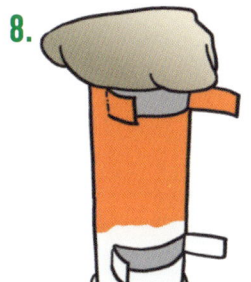

Den Körper („Hals") auf der Rückseite des Kopfes ankleben.

9.

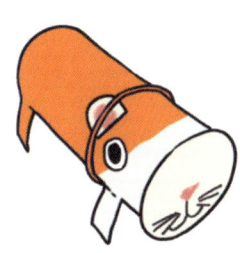

Die Ohren und die Augen seitlich ankleben.

KÄNGURU

DAS BRAUCHST DU:

Klorolle

Fotokarton
(rot)

Vorlage S. 55

1.

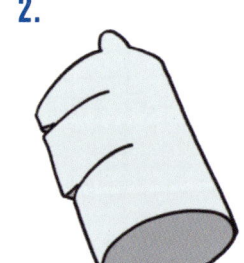

Ohren, Kopf und die
Einschnitte für „Bauch"
und „Beutel" nach der
Vorlage anzeichnen.

2.

Die Ohren ausschnei-
den. Die Einschnitte
von der Seite her ein-
schneiden.

3.

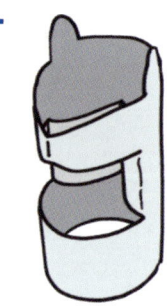

Den „Bauch" nach innen
drücken. Der „Beutel"
bleibt rund.

4.

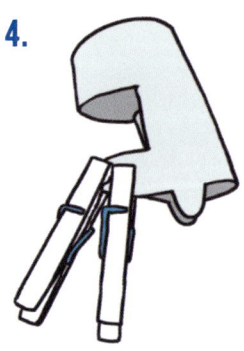

Den Kopf vorne an der
Schnauze zusammen-
kleben.

5.

Die Rolle und die In-
nenseiten der Ohren
rot anmalen.

6.

Ein passendes Ge-
sicht aufmalen.

7.

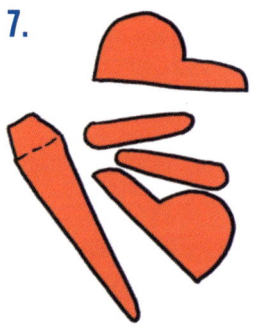

Beine, Arme und
Schwanz aus Fotokar-
ton ausschneiden.

8.

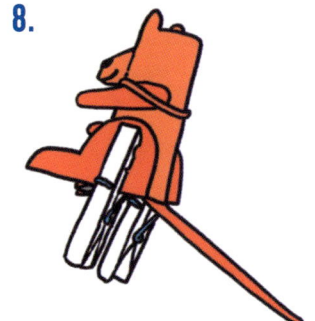

Beine, Arme und Schwanz
ankleben.

KOALA

DAS BRAUCHST DU:

2 Klorollen

Fotokarton
(hellblau)

Vorlage S. 54

1.

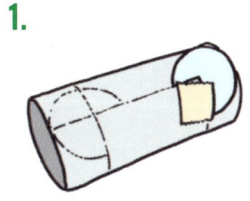

Die Ohren nach der
Vorlage anzeichnen. Am
Rand umlaufende Linien
anzeichen.

2.

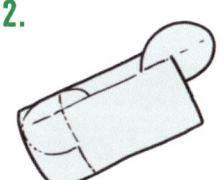

Die Ohren einschneiden
und hochknicken. Den
Rand unter den Ohren
ausschneiden.

3.

Die zweite Rolle halbie-
ren. Deren Umfang auf
der Unterseite des Kop-
fes anzeichnen.

4.

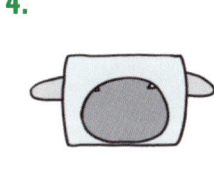

Ein entsprechendes
Loch in die Unterseites
des Kopfes schneiden.

5.

Die Rollen hellblau anmalen.

6.

Ohren und Gesicht
aufmalen.

7.

Die halbe Rolle
längs aufschneiden.

8.

Die halbe Rolle zusam-
mendrücken und in das
Loch im Kopf stecken.

9.

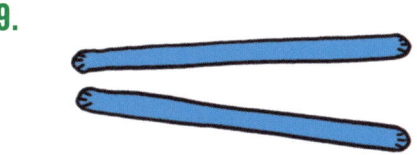

Arme und Beine nach der Vorlage ausschneiden.

10.

Arme und Beine am Rücken ankleben und umbiegen.

PANDA

DAS BRAUCHST DU:

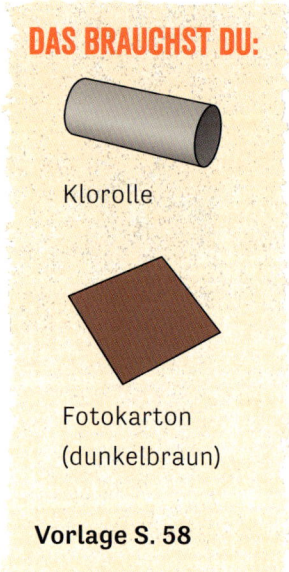

Klorolle

Fotokarton
(dunkelbraun)

Vorlage S. 58

1.

Die Ohren und eine um-
laufende Linie nach der
Vorlage anzeichnen.

2.

Die Ohren aus- und ein-
schneiden, dann leicht
nach vorne knicken.

3.

Die Rolle weiß oder
hellbeige anmalen.

4.

Das Gesicht aufmalen,
die Ohren anmalen.

5.

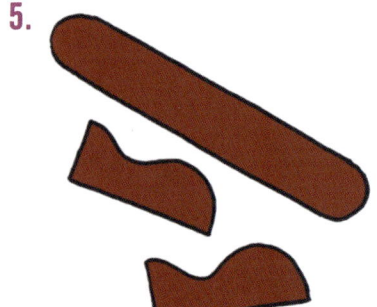

Beine und Arme nach der Vorlage aus
Fotokarton ausschneiden.

6.

Die Arme am Rücken
ankleben.

7.

Die Beine am Körper ankleben.

TIGER

DAS BRAUCHST DU:

Klorolle

Fotokarton
(gelb, weiß)

Vorlage S. 61

1.

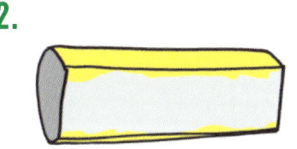

Einen etwa 3 cm breiten Streifen mit scharfen Knicken falzen.

2.

Die Rolle bis auf den 3 cm breiten Streifen gelb anmalen.

3.

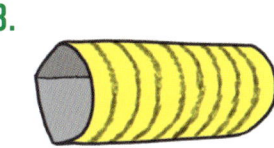

Mit Buntstift schwarze Tiger-
streifen aufmalen.

4.

Kopf, Beine und Schwanz nach
der Vorlage auf Fotokarton
übertragen und ausschneiden.

5.

Ein buntes Gesicht auf den Kopf
malen, Beine und Schwanz mit
schwarzen Streifen bemalen.

6.

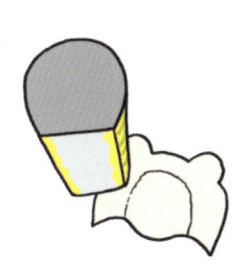

Die Körperform auf dem Kopf
abzeichnen. Den Umriss mit
Klebstoff bestreichen.

7.

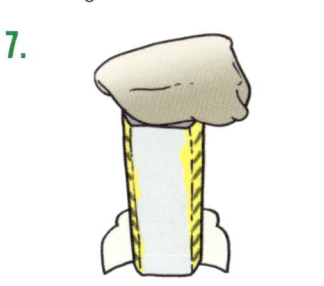

Den Körper auf den Kopf kleben.

8.

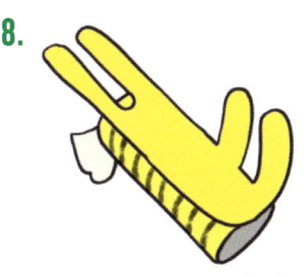

Beine unter den Körper kleben.

9.

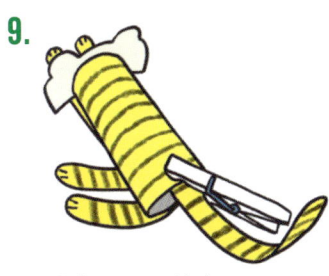

Den Schwanz ankleben.

29

FLUGHUND

DAS BRAUCHST DU:

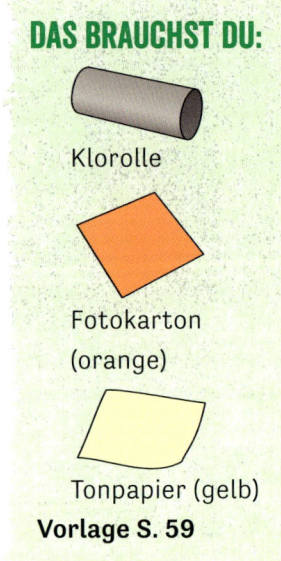

Klorolle

Fotokarton
(orange)

Tonpapier (gelb)

Vorlage S. 59

1.

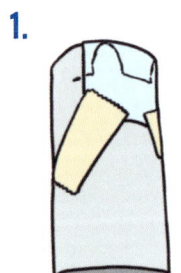

Oben an der Rolle
die Ohren nach der
Vorlage anzeich-
nen.

2.

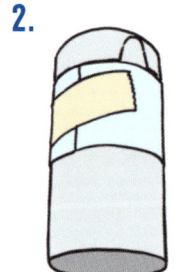

Mit dem Messring
eine umlaufende
Linie unter den
Ohren anzeichnen.

3.

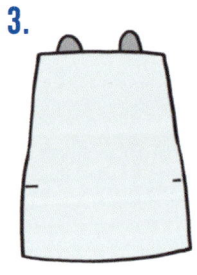

Die Ohren aus-
schneiden. Die
Rolle unten platt
drücken. 3 cm Ab-
stand abmessen.

4.

Zwei seitliche, 3
cm lange Steck-
schlitze einschnei-
den.

5.

Die Rolle orange
anmalen. Die Innen-
seite des Kopfes
nicht vergessen.

6.

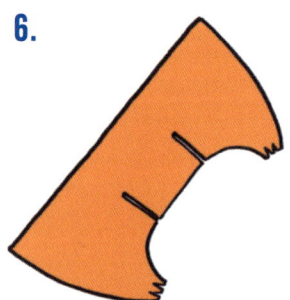

Den Flügel nach der
Vorlage aus Fotokarton
ausschneiden. Steck-
schlitze nicht vergessen.

7.

Schnauze und
Bauch nach der
Vorlage ausschnei-
den und bemalen.

8.

Schnauze und
Bauch aufkleben.
Augen aufmalen.

9.

Den Flügel mit den Schlitzen in
die Schlitze der Rolle schieben.

PYTHON

DAS BRAUCHST DU:

Klorolle

Vorlage S. 49

1.

Den Kopf nach der Vorlage auf die Rolle übertragen.

2.

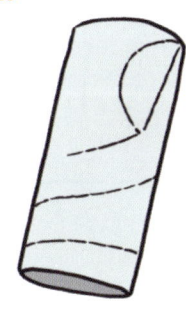

Die untere Linie ringsum um die Rolle weiterzeichnen.

3.

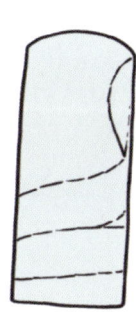

Die obere Linie weiterzeichnen, bis sie auf die untere trifft.

4.

Am Schwanzende beginnend die Linie entlang schneiden.

5.

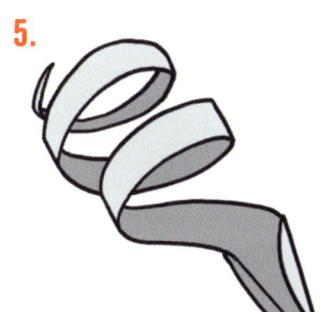

Den Kopf ausschneiden, an den Seiten nach innen falzen.

6.

Die Innenseite der Schlange gelb anmalen.

7.

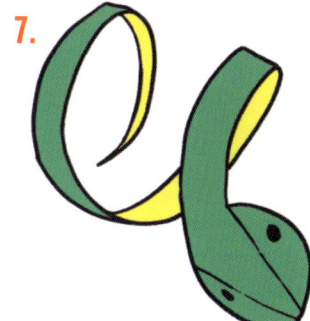

Die Außenseite grün anmalen, Augen aufmalen.

TUKAN

DAS BRAUCHST DU:

Klorolle

Fotokarton
(gelb, grün)

Tonpapier
(hellgrün)

Vorlage S. 61

1.

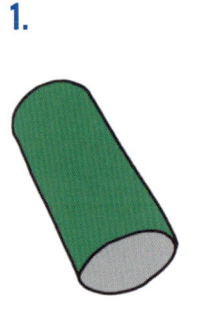

Die Rolle grün an-
malen.

2.

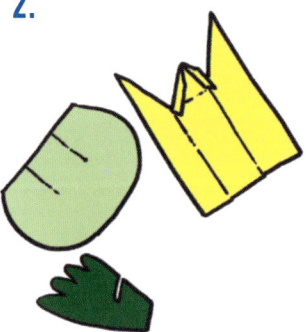

Schwanz, Augenpartie und
Schnabel nach Vorlage auf
Tonpapier/Fotokarton über-
tragen und ausschneiden.

3.

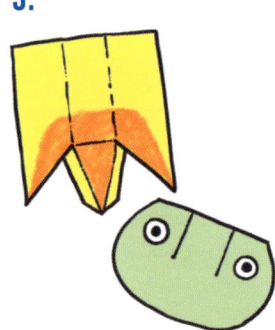

Schnabel und Augenpartie
bemalen oder bekleben.

4.

Den Schnabel falzen
und zusammenkleben.

5.

Die Augenpartie auf die
Rolle kleben.

6.

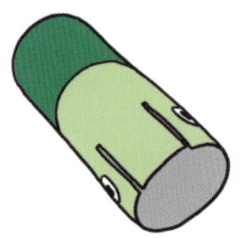

Die Steckschlitze der
Augen einschneiden.

7.

Einen Steckschlitz am
Rücken einschneiden.

8.

Schwanz und Schnabel
mit der Rolle verbinden.

PAPAGEI

1.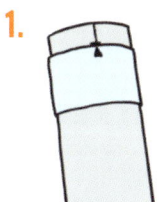

Oben mit dem Messring vorne und hinten die Mitte markieren.

2.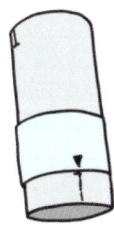

Unten mit dem Messring seitlich die Mitten markieren.

3.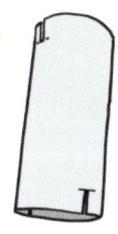

An den Markierungen vier 1 cm lange Schlitze einschneiden.

4.

Das Feld für die Augen nach der Vorlage anzeichnen.

5.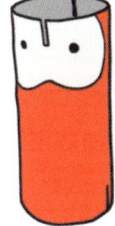

Das Augenfeld weiß, den Rest rot anmalen.

6.

Kopf/Schnabel, Flügel und Schwanzfedern nach der Vorlage ausschneiden. Den Schnabel schwarz anmalen.

7.

Den Kopf mit dem Schnabel von oben einstecken.

8.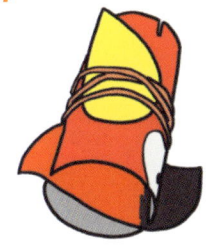

Die Fügel seitlich am Körper ankleben.

9.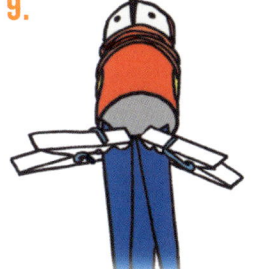

Die Schwanzfedern in der Rolle ankleben.

DAS BRAUCHST DU:

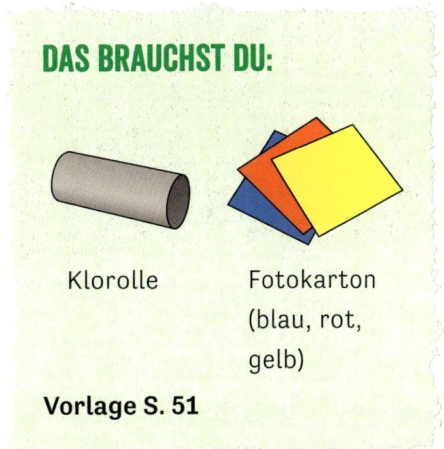

Klorolle

Fotokarton (blau, rot, gelb)

Vorlage S. 51

PFAU

DAS BRAUCHST DU:

Klorolle

Fotokarton
(braun, blau,
orange)

Vorlage S. 60

1.

Die Markierungen
nach der Vorlage
übertragen.

2.

Mit dem Messring
eine umlaufende
Linie anzeichnen.

3.

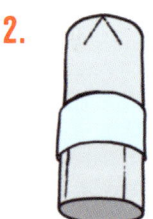

Steckschlitze ein-
schneiden, Recht-
eck ausschneiden.

4.

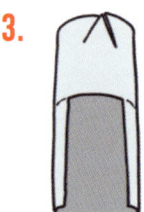

Die Rolle blau, grün
und gelb anmalen.

5.

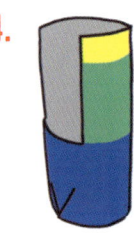

Sieben Streifen für
„Schwanzfedern"
einschneiden.

6.

Die „Schwanzfedern" abknicken
und bemalen.

7.

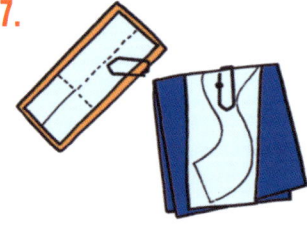

Kopf und Beine nach der Vorlage
auf Fotokarton übertragen.

8.

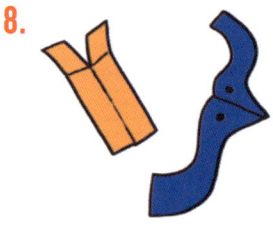

Kopf und Beine ausschneiden.
Augen aufmalen.

9.

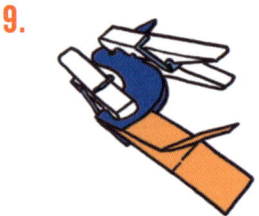

Kopf am Schnabel zusammenkleben. Beine in den Hals kleben.

10.

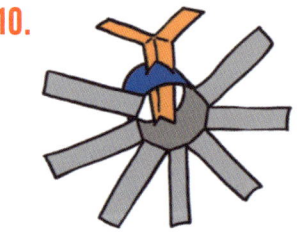

Die Beine fest in den v-förmigen
Steckschlitz schieben.

11.

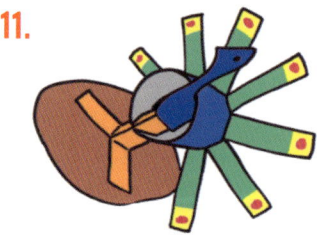

Eine Bodenplatte ausschneiden.
Den Pfau darauf kleben.

FLAMINGO

1.

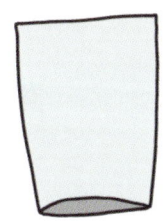

Die Rolle an einer Seite platt drücken und die Knicke markieren.

2.

Vorlage an den Markierungen ausrichten, die Steckschlitze an beiden Seiten anzeichnen.

3.

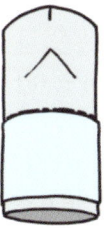

Umlaufende Linie mit Messring anzeichnen.

4.

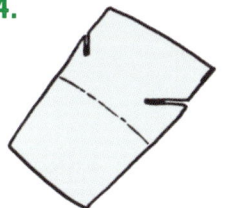

Die Steckschlitze einschneiden.

5.

Die Rolle mit Rosa und Lila anmalen.

6.

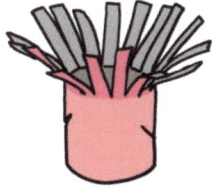

Fransen einschneiden und nach außen knicken.

DAS BRAUCHST DU:

Klorolle
Vorlage S. 59

Fotokarton (rosa, blau)

7.

Beine/Hals und Kopf nach der Vorlage aus Fotokarton ausschneiden und bemalen.

8.

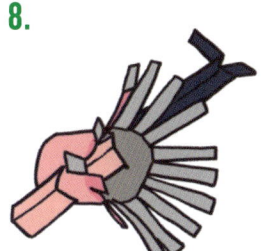

Beine/Hals durch die Steckschlitze im Körper schieben.

9.

Den Kopf über dem oberen Ende des Halses zusammenkleben.

10.

Eine Bodenplatte ausschneiden. Den Flamingo darauf kleben.

PINGUIN

1.

Die Steckschlitze nach
der Vorlage auf der
Rolle anzeichnen.

2.

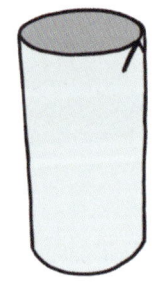

Die Steckschlitze ein-
schneiden.

3.

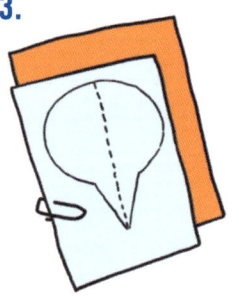

Den Kopf nach der Vor-
lage auf Fotokarton
übertragen.

4.

Den Kopf/Schnabel
ausschneiden und in
der Mitte falzen.

5.

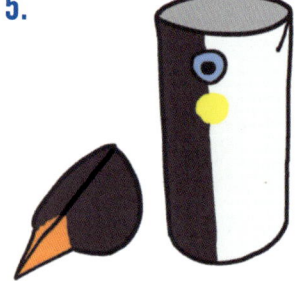

Kopf und Körper anmalen, Augen und Bäckchen aufmalen
oder aufkleben.

6.

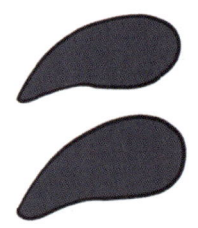

Die Flügel nach der Vorlage aus
Fotokarton ausschneiden.

7.

Den Kopf mit dem Schnabel in
den Steckschlitzen befestigen.
Die Flügel ankleben.

EISBÄR

1.

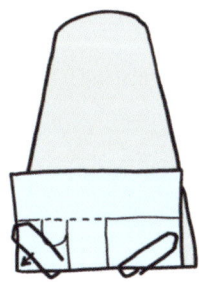

Die Ohren und die Laschen für den Kopf nach der Vorlage anzeichnen.

2.

Die Ohren und die Laschen für den Kopf ausschneiden.

3.

Die Rolle weiß anmalen. Ohren und Laschen auf der Innenseite anmalen.

4.

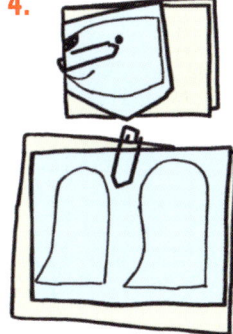

Fotokarton falzen und Kopf sowie Beine nach der Vorlage auf Fotokarton übertragen.

5.

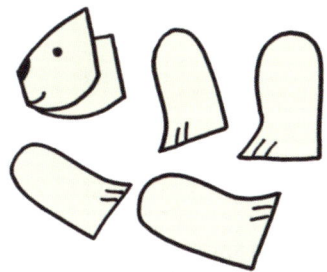

Kopf und Beine ausschneiden. Gesicht auf die Seiten des Kopfes zeichnen.

6.

Kopf seitlich an die Laschen ankleben.

7.

Die Beine ankleben: kleinere Beine vorne, größere Beine hinten.

SEEHUND

DAS BRAUCHST DU:

Klorolle

Fotokarton
(braun)

Vorlage S. 56

1.

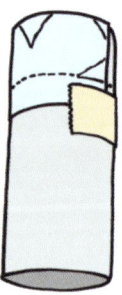

Die Schwanzflossen
nach der Vorlage an-
zeichnen.

2.

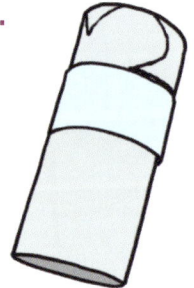

Darunter eine umlau-
fende Linie mit dem
Messring zeichnen.

3.

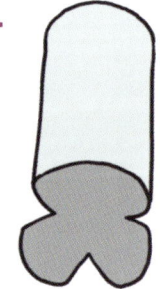

Die Schwanzflossen
ausschneiden.

4.

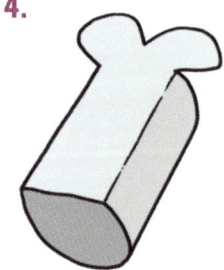

Direkt neben den Flos-
sen einen Streifen mit
scharfen Knicken falzen.

5.

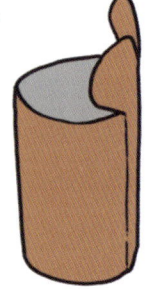

Den Körper braun an-
malen.

6.

Kopf und Brustflossen
nach der Vorlage aus-
schneiden. Ein Gesicht
auf den Kopf malen.

7.

Den Körper von hinten
auf den Kopf kleben.

8.

Die Brustflossen unter
den Körper kleben.

CLOWNFISCH

DAS BRAUCHST DU:

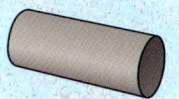

Klorolle

Fotokarton
(orange)

Vorlage S. 53

1.

Die Rolle an einer
Seite platt drücken
und die Markierun-
gen nach der Vor-
lage anzeichnen.

2.

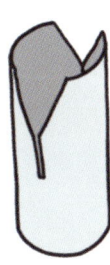

Die Ecken wie mar-
kiert abschneiden.
Oben einen 2 cm
langen Schlitz ein-
schneiden.

3.

Die Rolle mit Weiß,
Schwarz und
Orange bemalen.

4.

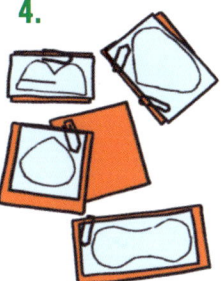

Alle Flossen nach
der Vorlage auf
orangen Fotokar-
ton übertragen.

5.

Die Flossen aus-
schneiden. An den
Rändern schwarze
Streifen aufmalen.

6.

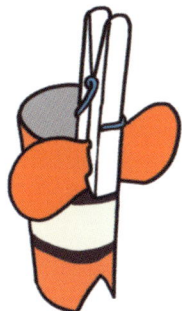

Die Brustflossen unter
die Vorderseite des
Körpers kleben.

7.

Die Rückenflosse von
hinten einschieben.
Dabei die Schlitze in-
einanderstecken.

8.

Die Schwanzflosse ins
Hinterteil schieben und
alles zusammenkleben.

9.

Seitenflossen ankleben
und Augen aufmalen
oder ankleben.

KRAKE

DAS BRAUCHST DU:

Küchenrolle

(ohne Vorlage)

1.

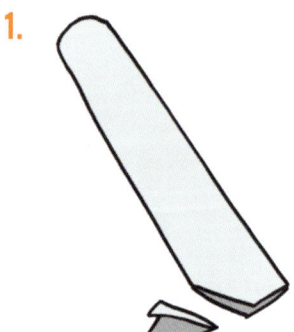

Die Rolle an einem Ende platt drücken und die Ecken abschneiden.

2.

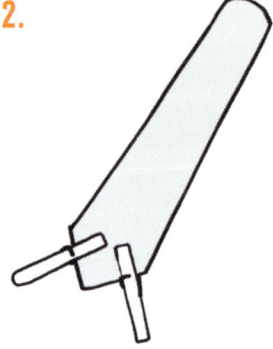

Die Rolle an diesem Ende zusammenkleben.

3.

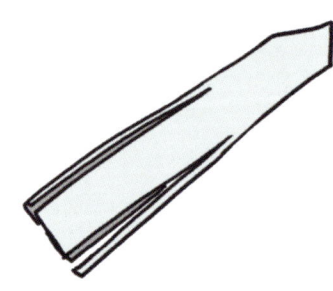

Von der anderen Seite her vier Streifen einschneiden.

4.

Die Streifen jeweils in der Mitte einschneiden (= acht Arme).

5.

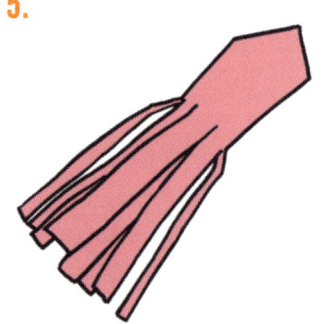

Die Rolle rosa anmalen.

6.

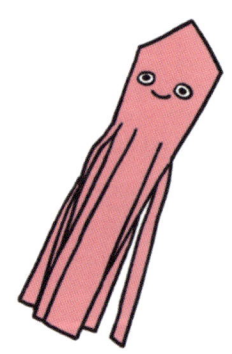

Ein Gesicht aufmalen oder Augen aufkleben.

QUALLE

1.

Kreis und Schlitz nach der Vorlage auf Fotokarton übertragen.

2.

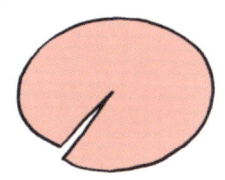

Den Kreis ausschneiden, den Schlitz einschneiden.

3.

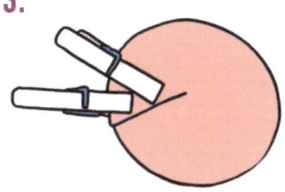

Den Kreis zu einem flachen Kegel zusammenkleben.

4.

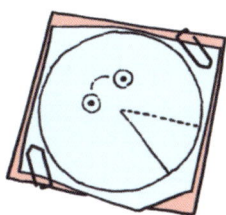

Gesicht aufmalen und mit (bunten) Klebepunkten dekorieren.

5.

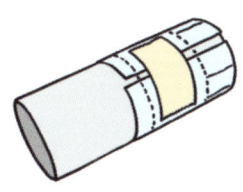

Klebelaschen und Markierungen auf die Rolle übertragen.

6.

Fünf Klebelaschen nach der Vorlage ausschneiden.

7.

Die Rolle gelb und hellblau anmalen. Die Markierung beachten.

8.

Fransen in den hellblauen Teil schneiden, nach außen knicken.

9.

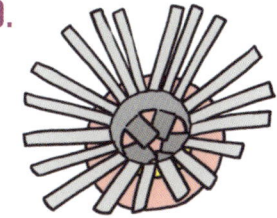

Die Rolle von innen (unten) an den Kegel ankleben.

MANTAROCHEN

DAS BRAUCHST DU:

Klorolle

Fotokarton
(blau)

Vorlage S. 50

1.

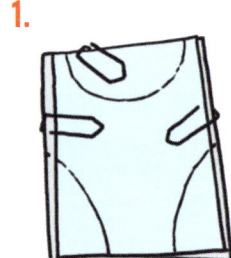

Die Rolle ganz platt drücken. Die Vorlage auf die Rolle übertragen.

2.

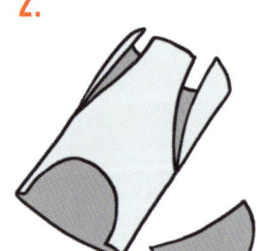

Den Halbkreis ausschneiden, die Kurven für die Flossen einschneiden.

3.

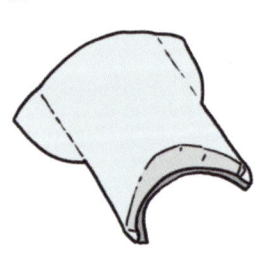

Die Flossen nach außen falten. Auf der anderen Seite die Kante in die Rolle hineindrücken.

4.

Die Außenseite der Rolle blau anmalen. Die Unterseite der Flossen grau lassen.

5.

Den Schwanz nach der Vorlage auf Fotokarton übertragen.

6.

Den Schwanz ausschneiden, am „Gelenk" vorsichtig falzen.

7.

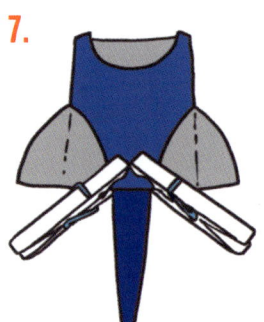

Den Schwanz zwischen Rücken und Bauch einkleben.

8.

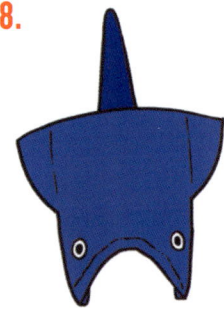

Das „Maul" noch einmal eindrücken, Augen aufkleben oder aufmalen.

HAI

DAS BRAUCHST DU:

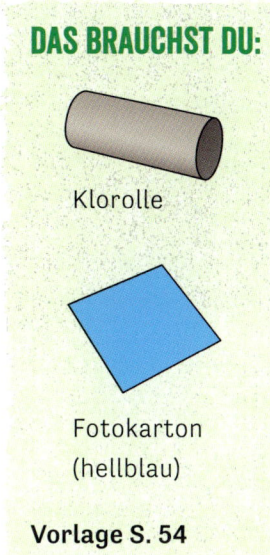

Klorolle

Fotokarton
(hellblau)

Vorlage S. 54

1.

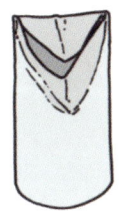

Die Rolle am Rand kräftig eindrücken.

2.

Den gegenüberliegenden Rand ebenfalls eindrücken.

3.

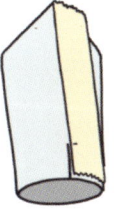

In einer Linie mit der Spitze einen 1,5 cm langen Strich anzeichnen.

4.

Den Strich einschneiden (= Steckschlitz).

5.

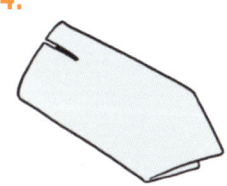

Spitze Zähne ins eingedrückte Maul zeichnen.

6.

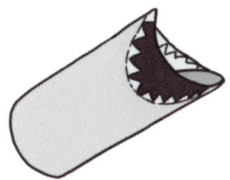

Den Körper hellblau anmalen.

7.

Kiemen und Augen aufmalen oder aufkleben.

8.

Die Flossen nach der Vorlage aus Fotokarton ausschneiden.

9.

Die Brustflossen an der Unterseite ankleben.

10.

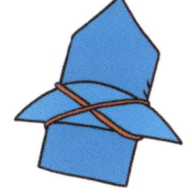

Die Schwanzflossen von hinten in den Körper einstecken.

KROKODIL

DAS BRAUCHST DU:

Vorlage S. 58

 Küchenrolle

 Fotokarton (grün)

1.

Die Rolle an einer Seite platt drücken und am Rand die Zähne einzeichnen.

2.

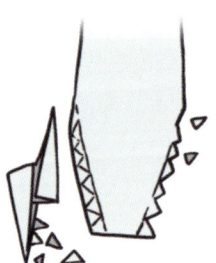

Die Ecken abschneiden und die Zähne ausschneiden.

3.

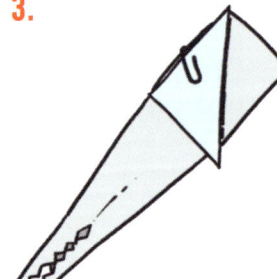

Das andere Ende quer dazu platt drücken und die Schräge nach der Vorlage anzeichnen.

4.

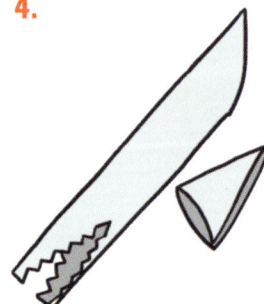

Ein Dreieck abschneiden, ein spitzer Schwanz ist entstanden.

5.

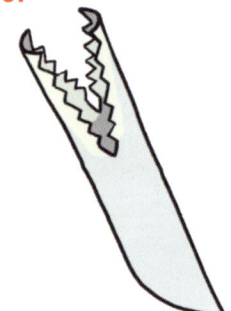

Die Zähne innen und außen weiß anmalen.

6.

Den restlichen Körper grün anmalen.

7.

Beine und Augen nach der Vorlage aus Fotokarton ausschneiden.

8.

Augen und Beine auf- und ankleben.

SCHILDKRÖTE

1.

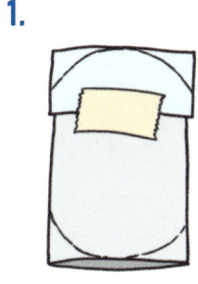

Die Rolle platt
drücken. Die Halb-
kreise nach der
Vorlage anzeichnen.

2.

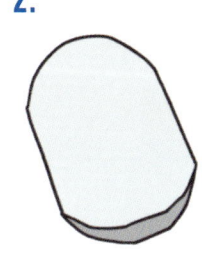

Die Halbkreise zu-
rechtschneiden.

3.

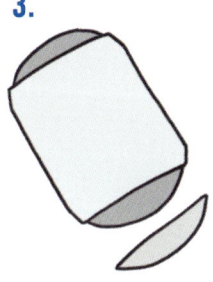

Die Halbkreise auf
einer Seite ab-
schneiden.

4.

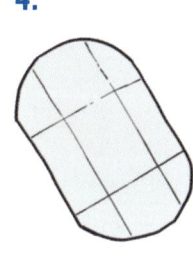

Auf der anderen
Seite ein Karomus-
ter vorzeichnen.

5.

Die Rolle nach der
Vorzeichnung an-
malen.

6.

Kopf und Hinterbeine
nach der Vorlage aus
Fotokarton ausschnei-
den. Augen aufmalen.

7.

Den Kopf zu einem
Dreieck zusammen-
kleben.

8.

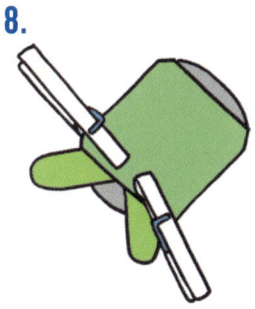

Die Hinterbeine in die
Rolle einkleben.

9.

Den Kopf mit den Vor-
derbeinen in die Rolle
einkleben.

CHAMÄLEON

DAS BRAUCHST DU:

Klorolle

Fotokarton
(gelb, grün,
hellblau)

Vorlage S. 53

1.

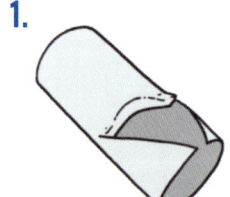

Am Rand ein etwa 4 cm
breites und hohes Drei-
eck ausschneiden.

2.

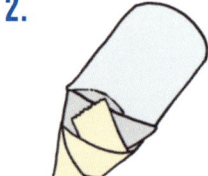

Die Seiten des Dreiecks
einrollen, zu einer Spitze
zusammenkleben.

3.

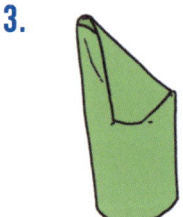

Die Rolle grün anmalen.

4.

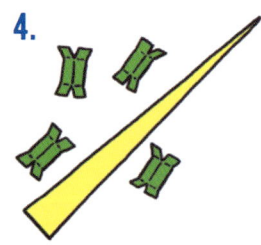

Schwanz und Beine nach
der Vorlage aus Foto-
karton ausschneiden.

5.

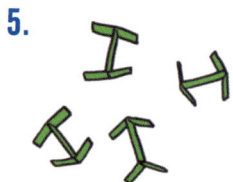

Die Beine in der Mitte H-förmig
zusammenkleben.

6.

Den Schwanz einrollen, am Ende
einschneiden und knicken.

7.

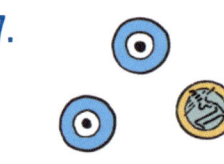

Augen nach der Vorlage in Größe
einer 1-Euro-Münze ausschneiden und bekleben oder bemalen.

8.

Die Augen an die Spitze ankleben, einen Mund aufmalen.

9.

Die Beine direkt unter den
Bauch kleben.

10.

Den Schwanz am hinteren Ende
in die Rolle einkleben.

FROSCH

1.

Die Vorderbeine
nach der Vorlage
auf der Rolle an-
zeichnen.

2.

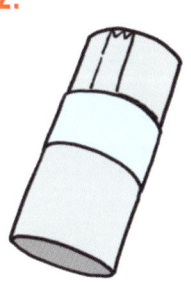

Unter den Vorder-
beinen eine umlau-
fende Linie zeich-
nen (Messring).

3.

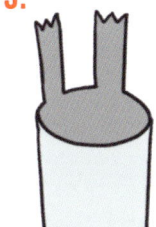

Die Vorderbeine
ausschneiden.

4.

Den Bauch gelb,
die Beine und den
Rücken grün an-
malen.

5.

Beine und Augen
(1-Euro-Münze)
nach der Vorlage
übertragen.

6.

Beine und Augen aus-
schneiden.

7.

Beine zu einer Schlaufe
kleben, Augen bekleben.

8.

Beine seitlich an die
Rolle ankleben.

9.

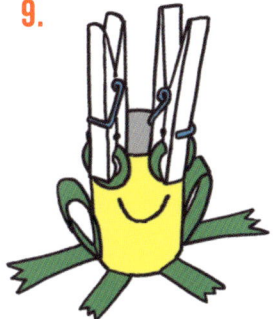

Augen ankleben, Mund
aufmalen.

VORLAGEN

Alle Vorlagen gibt es auch zum Download: www.bassermann-verlag.de/klorollenzoo

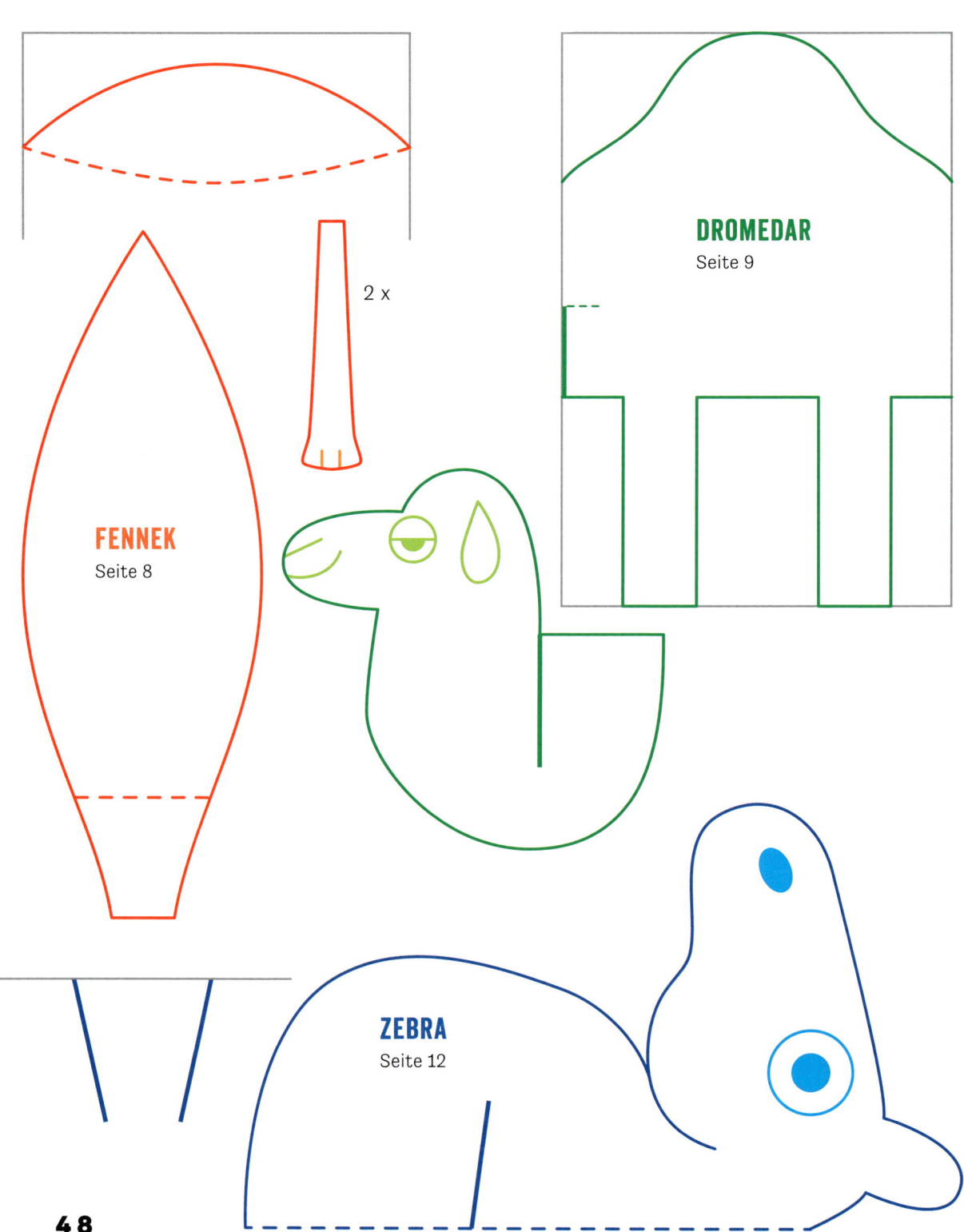

DROMEDAR
Seite 9

2 x

FENNEK
Seite 8

ZEBRA
Seite 12

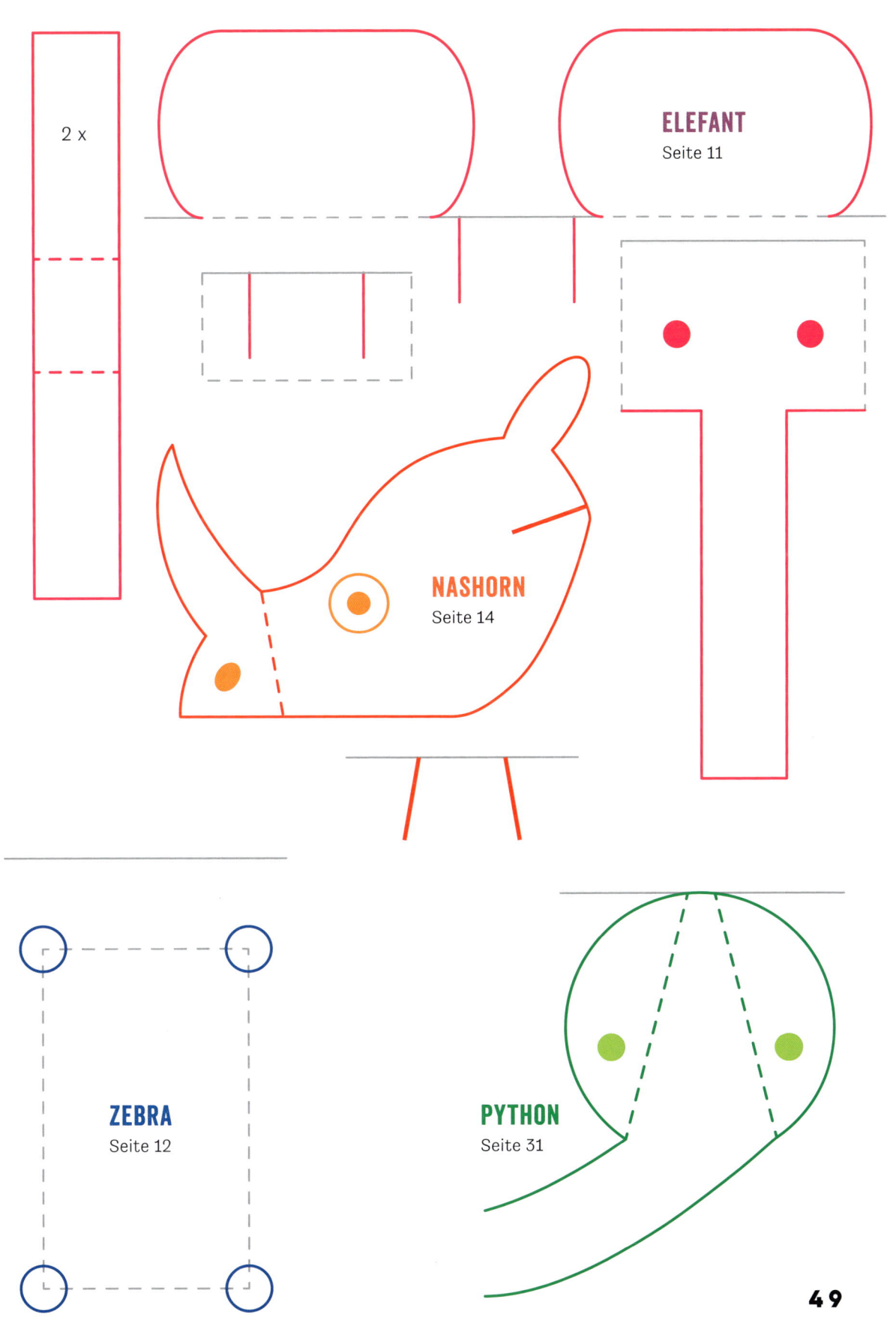

ELEFANT
Seite 11

2 x

NASHORN
Seite 14

ZEBRA
Seite 12

PYTHON
Seite 31

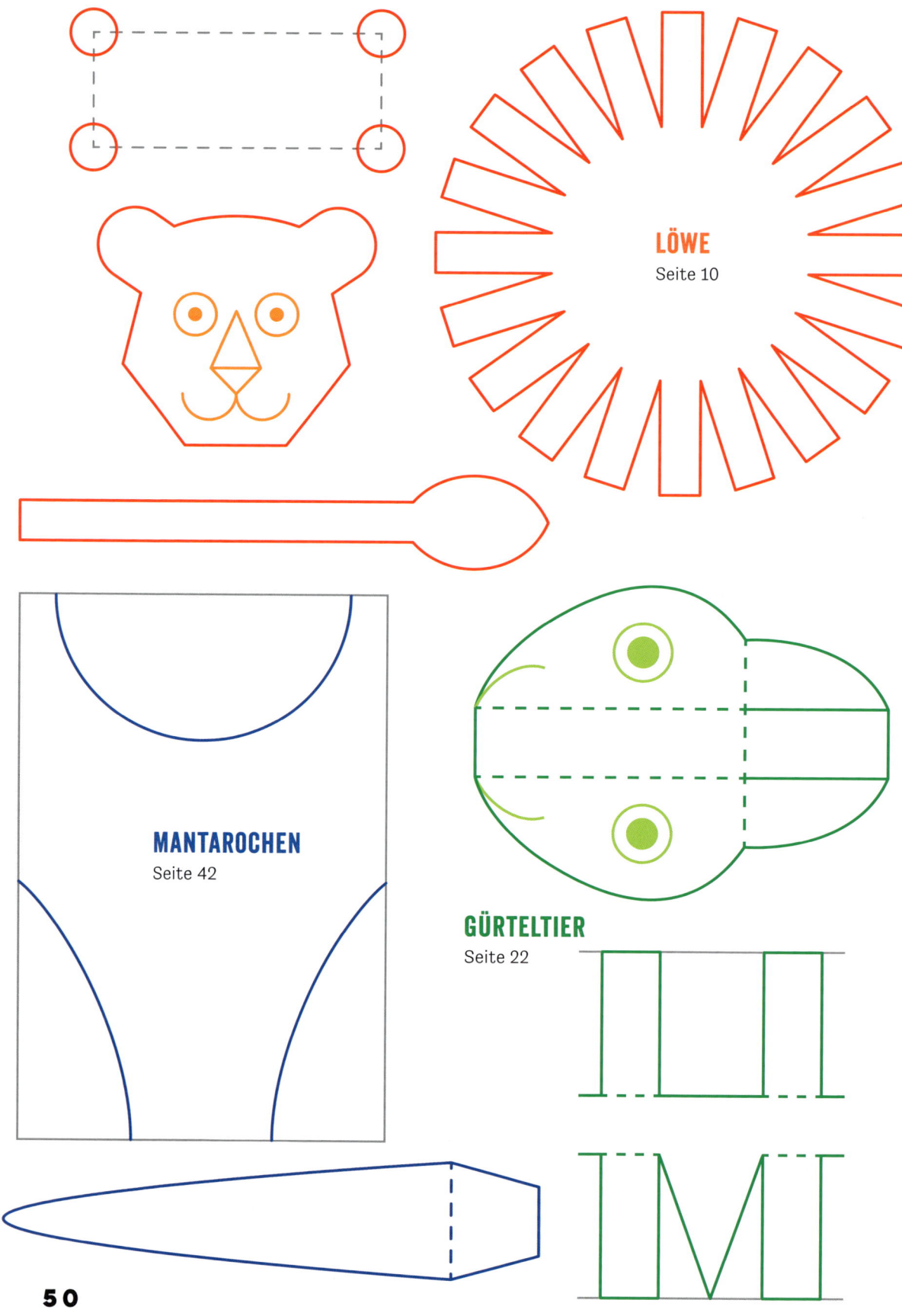

LÖWE
Seite 10

MANTAROCHEN
Seite 42

GÜRTELTIER
Seite 22

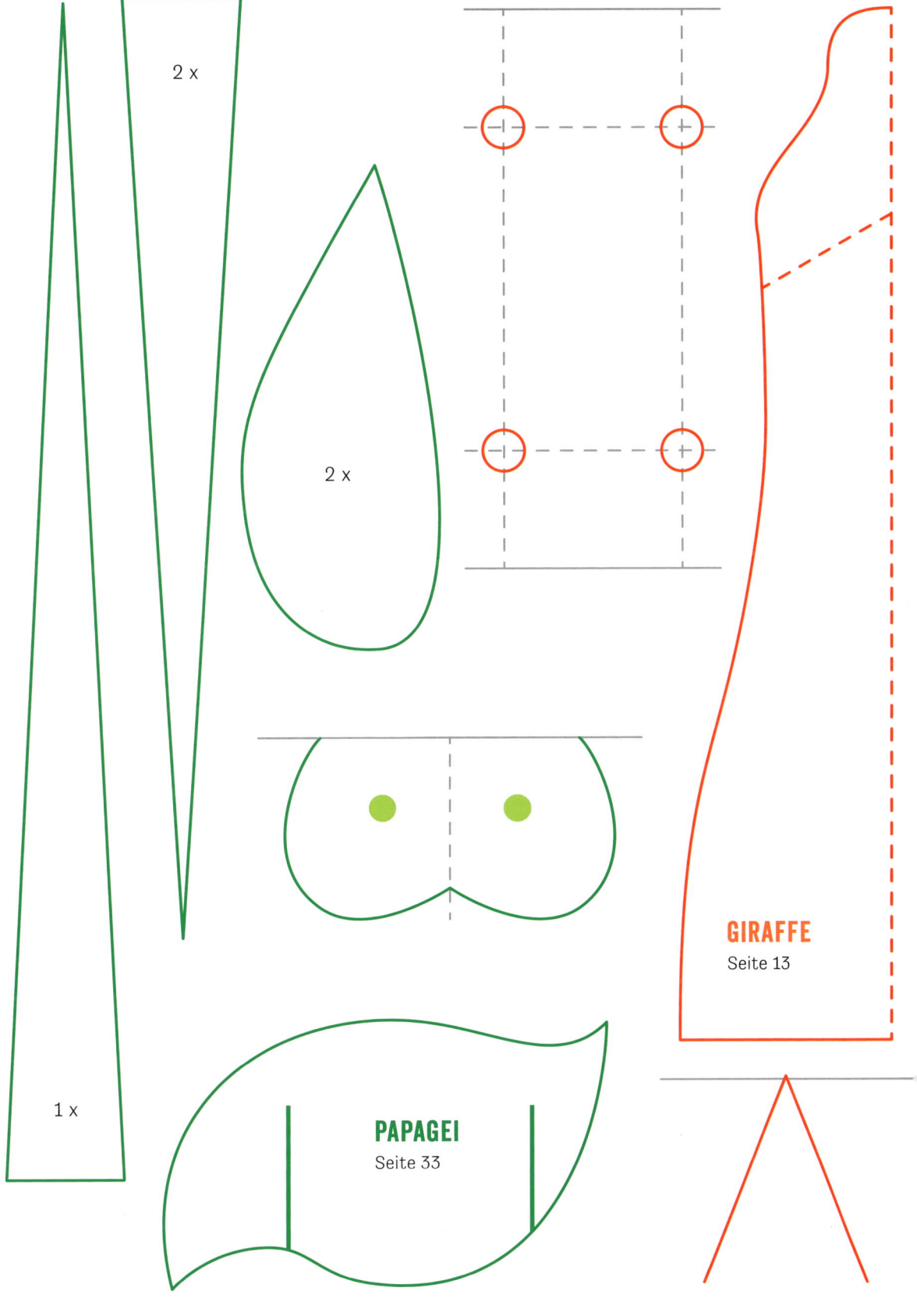

2 x

2 x

2 x

1 x

GIRAFFE
Seite 13

PAPAGEI
Seite 33

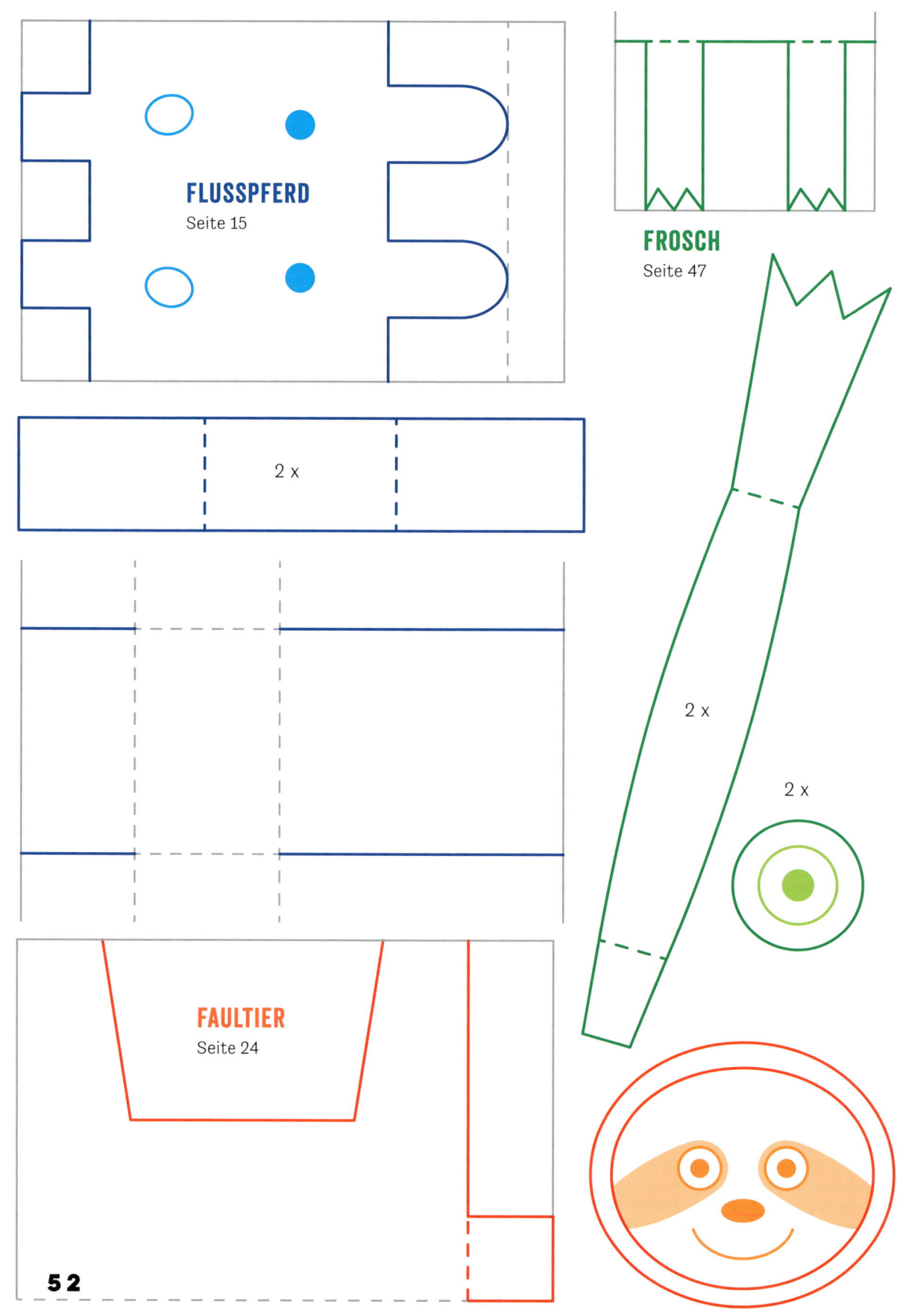

FLUSSPFERD

Seite 15

2 x

FROSCH

Seite 47

2 x

2 x

FAULTIER

Seite 24

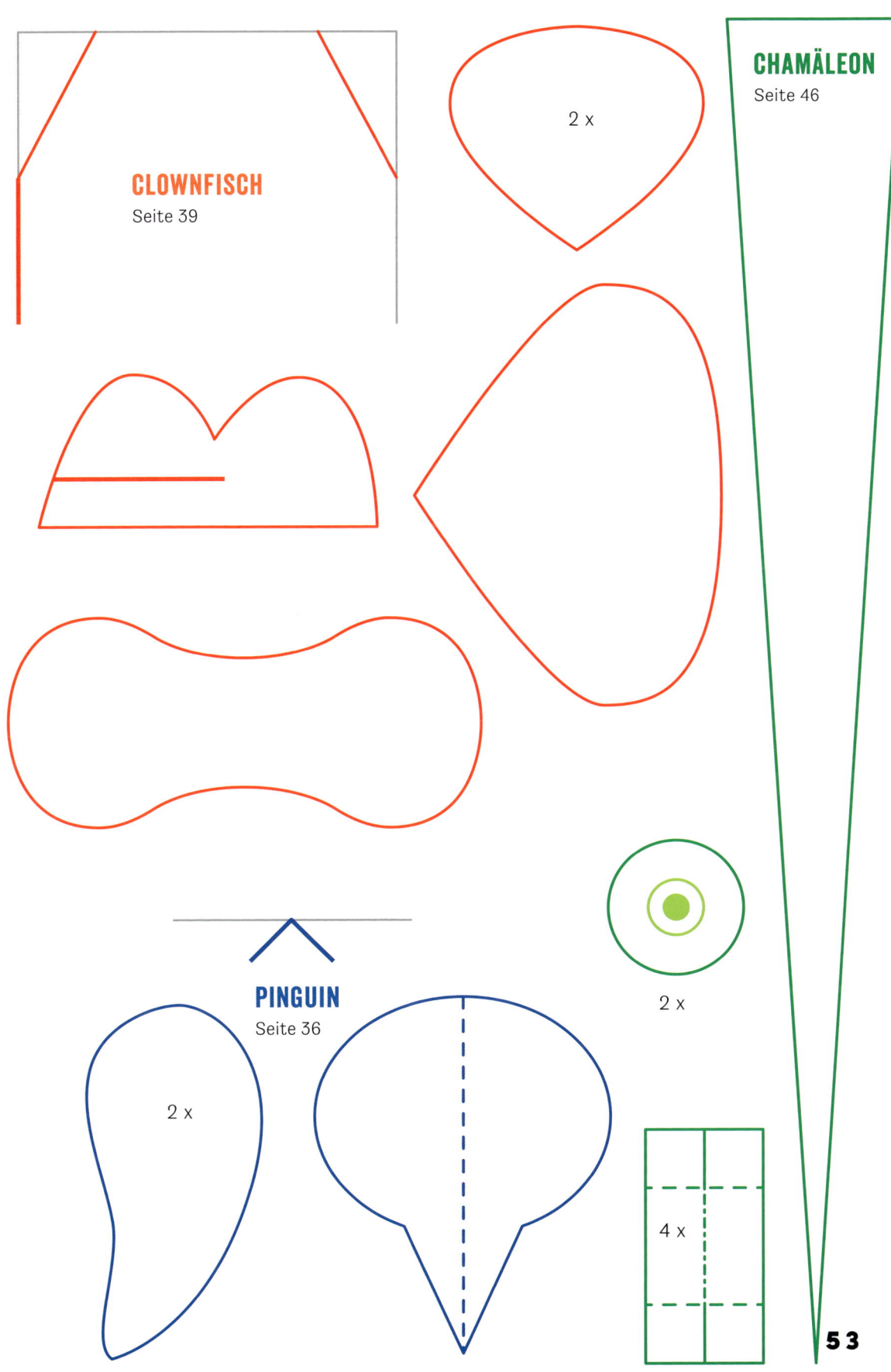

CLOWNFISCH
Seite 39

2 x

CHAMÄLEON
Seite 46

PINGUIN
Seite 36

2 x

2 x

4 x

5 3

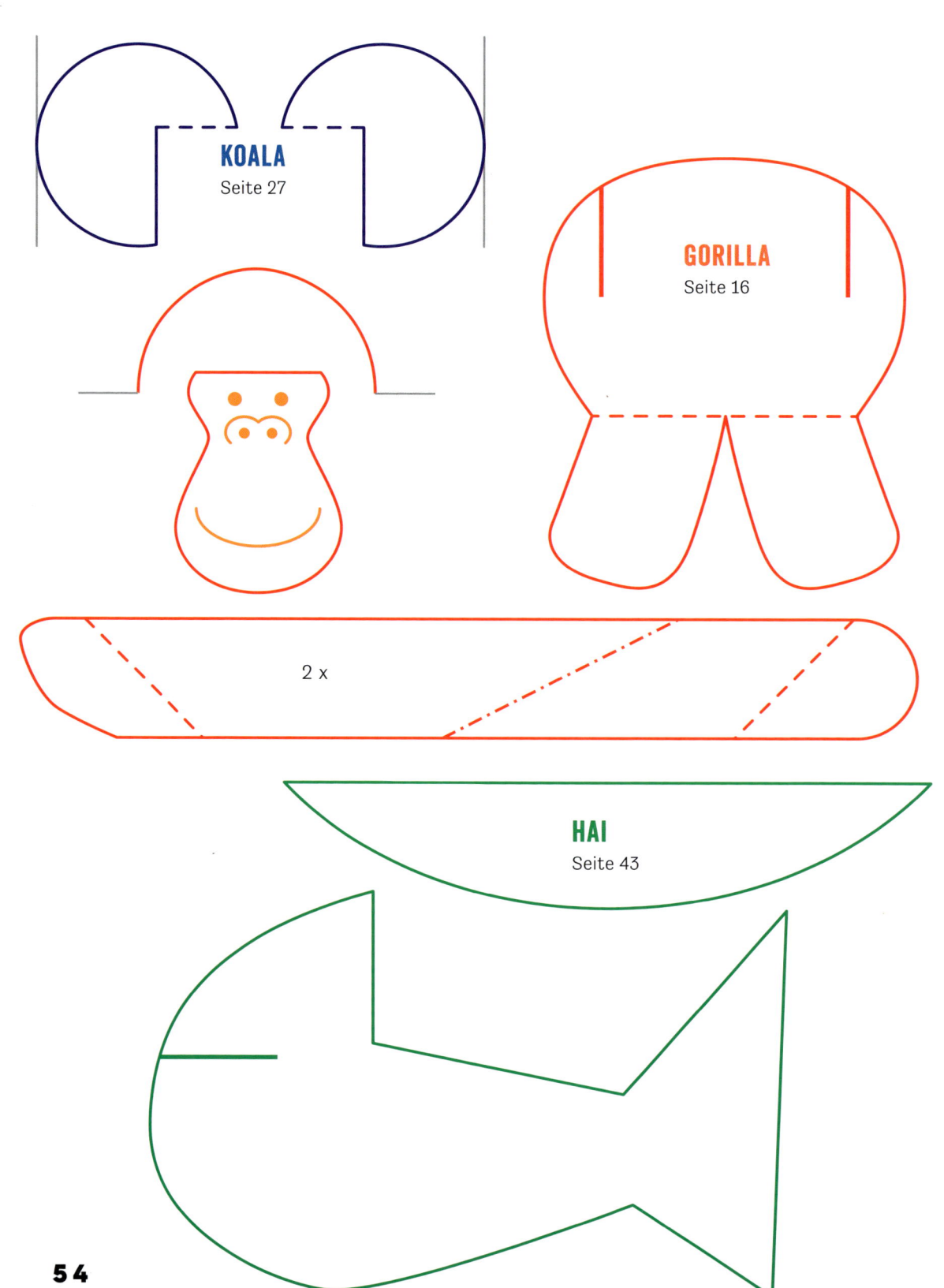

2 x

KOALA
Seite 27

GORILLA
Seite 16

2 x

HAI
Seite 43

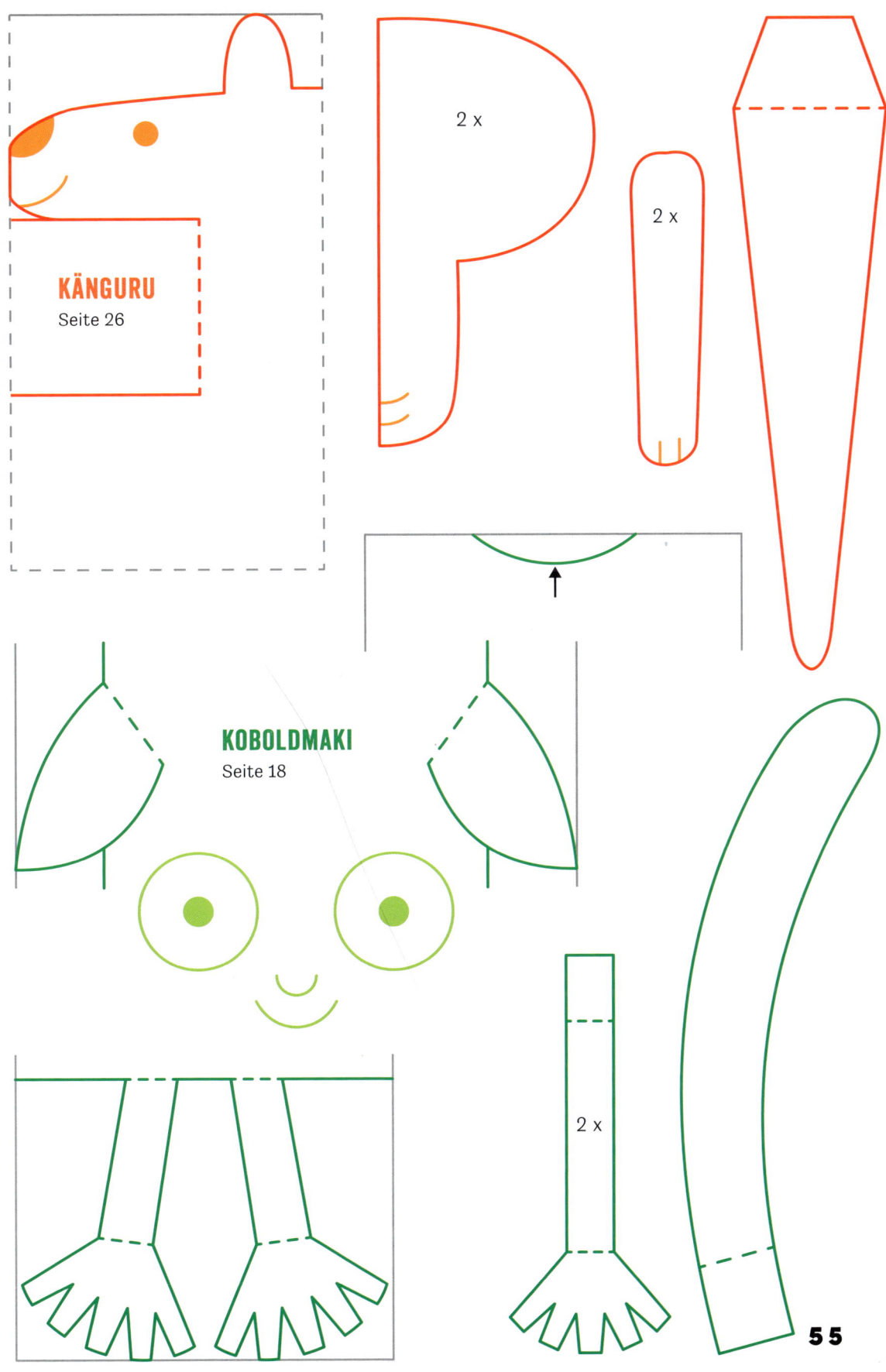

KÄNGURU
Seite 26

2 x

2 x

KOBOLDMAKI
Seite 18

2 x

55

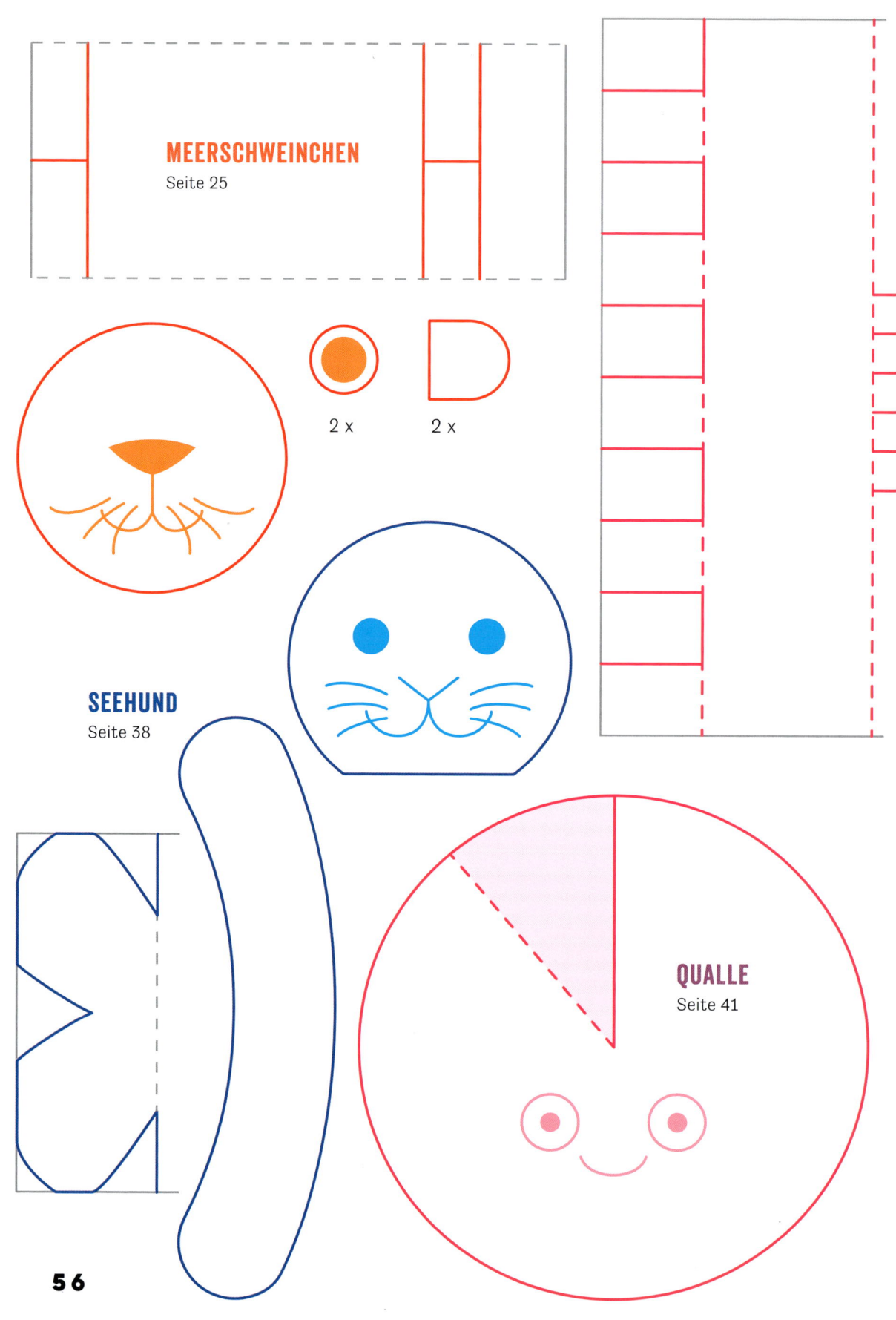

MEERSCHWEINCHEN
Seite 25

2 x   2 x

SEEHUND
Seite 38

QUALLE
Seite 41

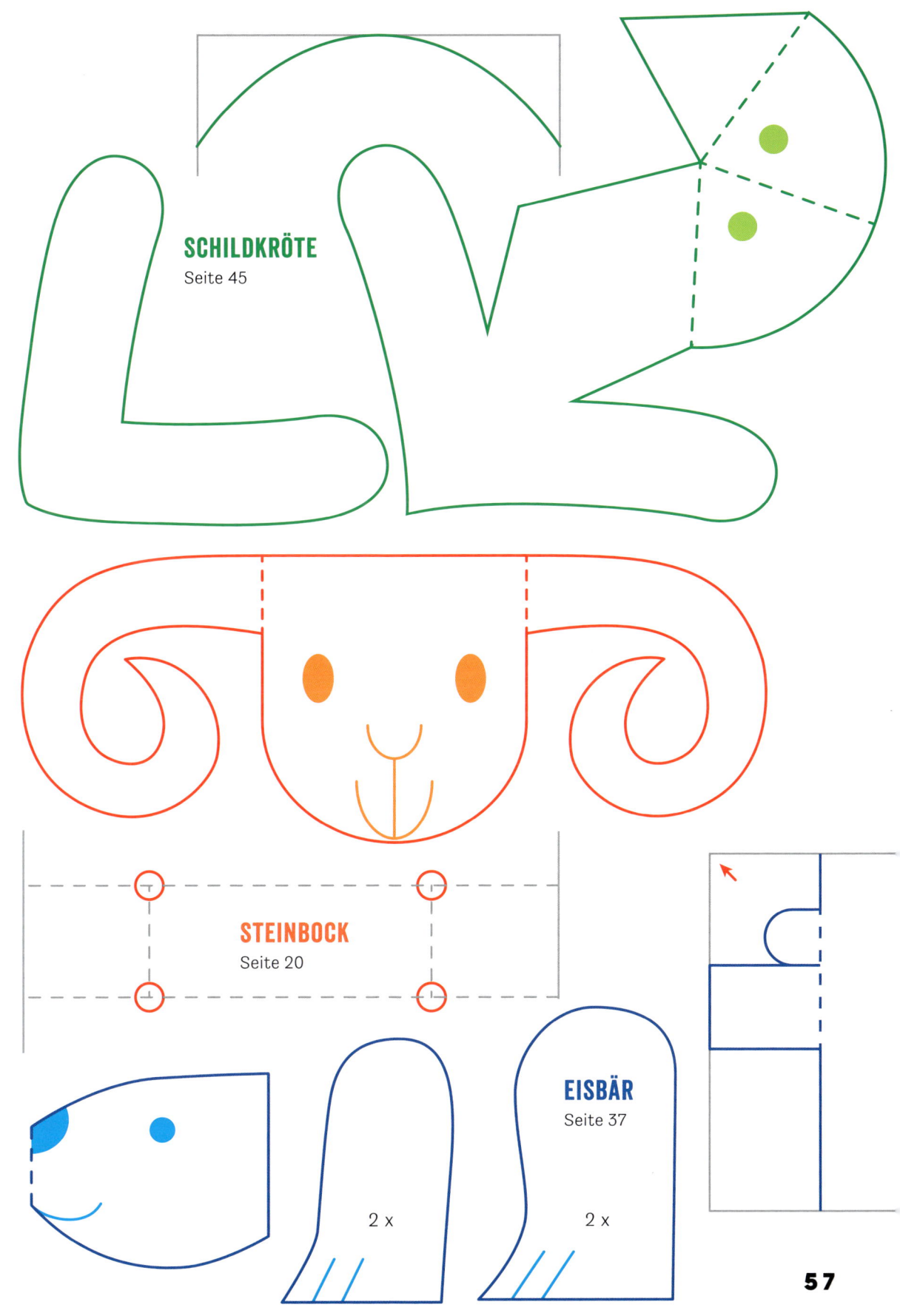

SCHILDKRÖTE
Seite 45

STEINBOCK
Seite 20

EISBÄR
Seite 37

2 x

2 x

57

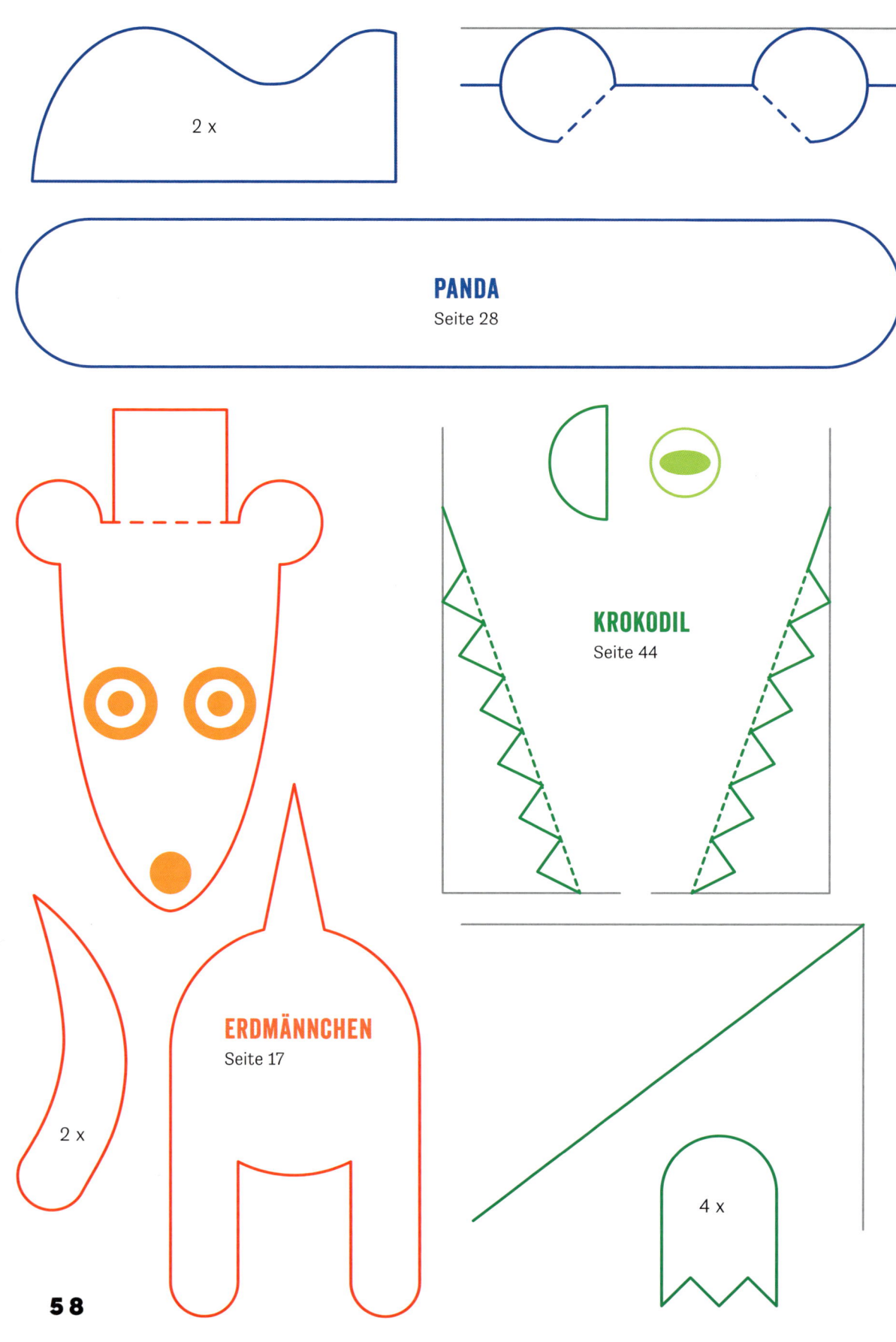

PANDA
Seite 28

KROKODIL
Seite 44

ERDMÄNNCHEN
Seite 17

2 x

2 x

4 x

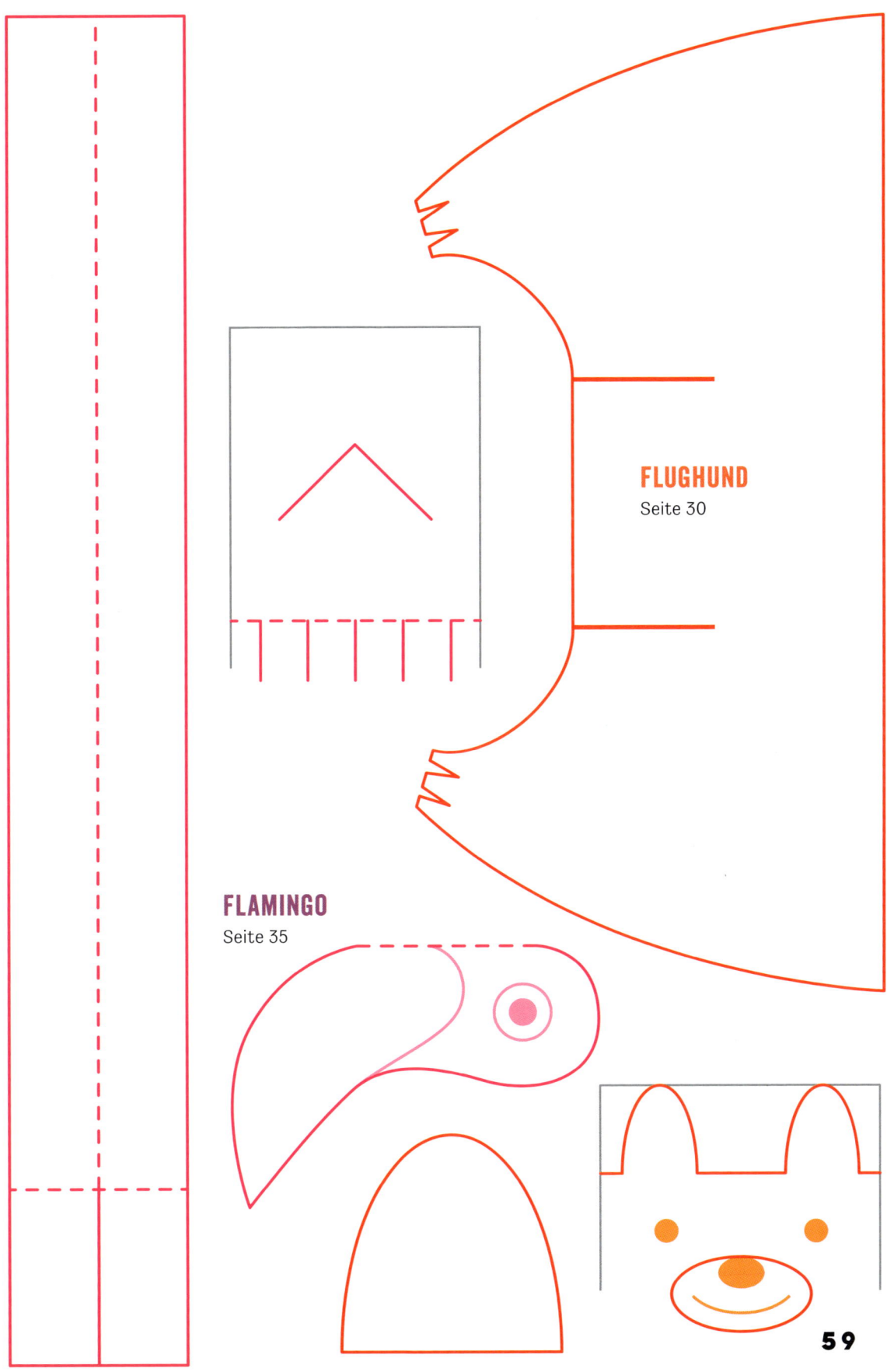

FLUGHUND
Seite 30

FLAMINGO
Seite 35

59

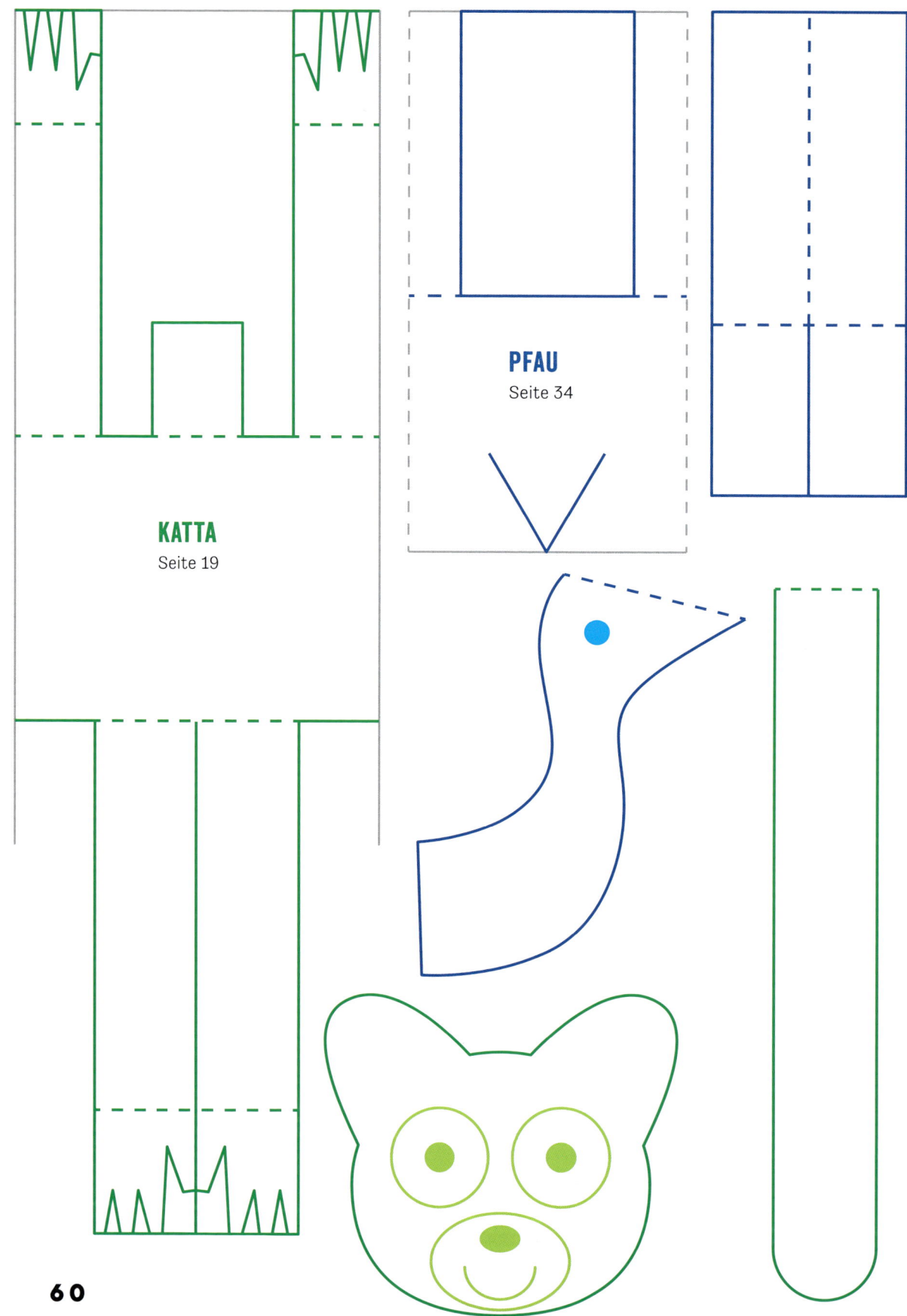

KATTA
Seite 19

PFAU
Seite 34

TIGER
Seite 29

TUKAN
Seite 32

61

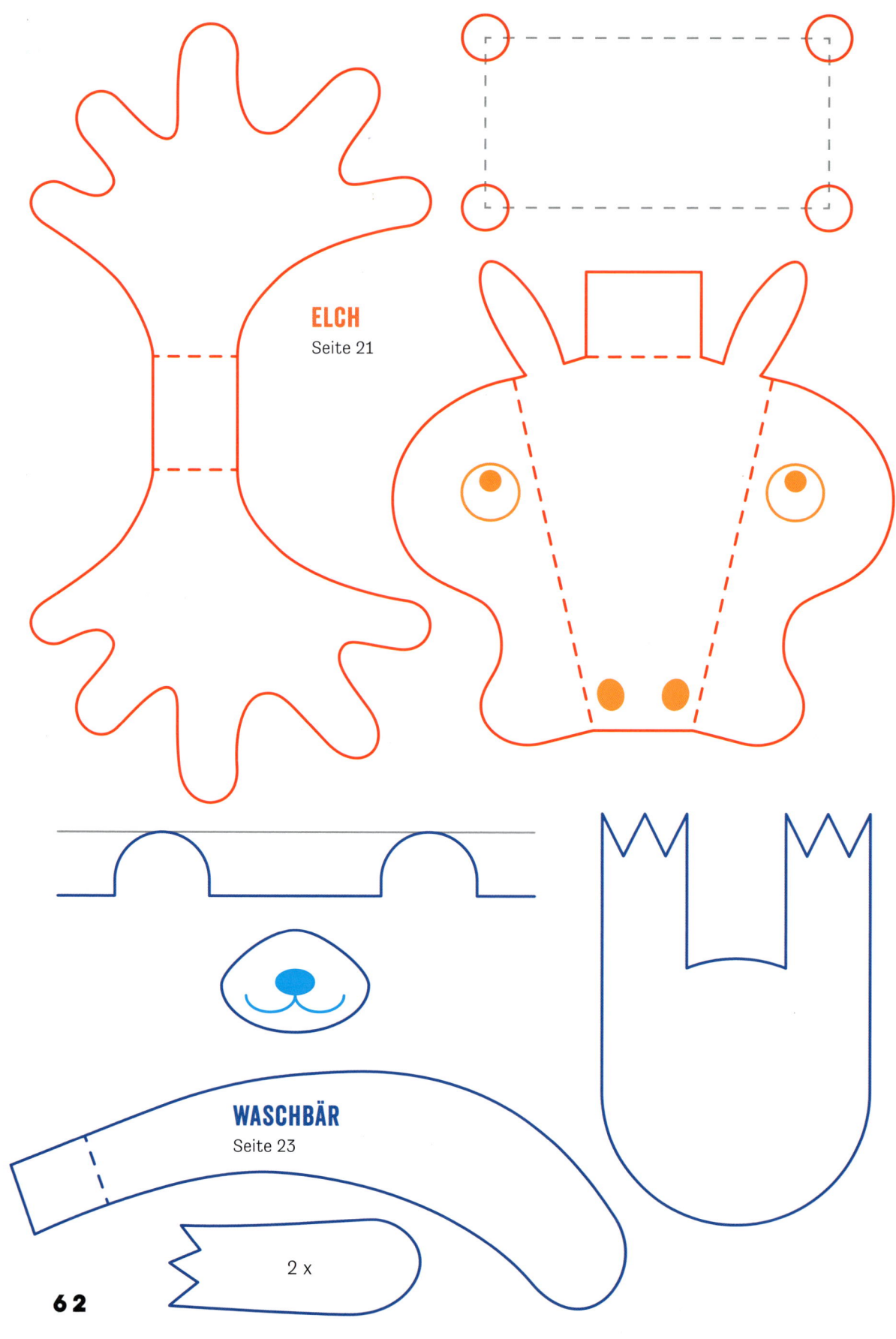

ELCH
Seite 21

WASCHBÄR
Seite 23

2 x